Le souffle du Phoenix

Vers d'amour et de renaissance

Le souffle du Phoenix   Vers d'amour et de renaissance

Raymond Mialon

Le souffle du Phoenix
Vers d'amour et de renaissance

**Édition : BoD · Books on Demand GmbH,
In de Tarpen 42, 22848 Norderstedt (Allemagne)
Impression : Libri Plureos GmbH, Friedensallee 273,
22763 Hamburg (Allemagne)
ISBN : 978-2-3225-5846-9
Dépôt légal : Octobre 2024**

Le cœur humain est un champ de bataille. Des sentiments tumultueux s'y affrontent, l'espoir et la désillusion se côtoient, et l'amour, tel un feu ardent, peut aussi bien brûler que réchauffer.
Raymond Mialon

Ce livre vous invite à un voyage au cœur de cette bataille, à la rencontre de l'amour dans toutes ses nuances. Des amours passionnels qui brûlent d'un feu intense, aux amours silencieuses et profondes, vous découvrirez les joies et les peines, les déceptions et les souffrances qui jalonnent le chemin du cœur.

Le souffle du Phoenix : Vers d'amour et de renaissance est un récit poétique et poignant qui explore les blessures de l'âme et la force de la résilience À travers des poèmes et des histoires inspirés de la vie, il vous invite à retrouver votre propre souffle et à renaître de vos cendres, tel un phœnix renaissant de ses flammes.

Préparez-vous à un voyage intérieur. Laissez-vous emporter par la beauté et la profondeur de ces mots, et laissez-vous toucher par la puissance de l'amour qui, malgré les épreuves, continue de nous guider vers la lumière.

Le souffle du Phoenix : Vers d'amour et de renaissance Est né d'un besoin profond de partager des expériences universelles. L'amour, dans toutes ses facettes, est un thème qui nous touche tous. Nous avons tous connu la joie intense de l'amour, mais également la douleur de la perte, la déception et la souffrance.

Ce livre se veut un espace de partage et de compréhension. Il vise à donner une voix à ces émotions souvent difficiles à exprimer, à proposer un miroir aux lecteurs pour se reconnaître dans leurs propres expériences.

L'amour, même lorsqu'il est blessé, est une force incroyable. Il nous incite à grandir, à nous transformer, à renaître de nos cendres. C'est ce message d'espoir et de renaissance que ce livre souhaite transmettre.

En somme, "Le souffle du Phoenix" est une invitation à explorer les profondeurs de notre cœur, à accepter nos blessures et à trouver la force de renaître, plus forts et plus lumineux que jamais.

Le souffle du Phoenix" est bien plus qu'un simple recueil de poèmes et d'histoires. Il est un véritable voyage intérieur, une invitation à la réflexion et à la transformation personnelle.

Pourquoi ce livre ?

Parce que l'amour, même douloureux, est une force puissante. Il nous façonne, nous transforme et nous guide vers notre véritable essence.
Parce que la souffrance amoureuse est une expérience universelle. Nous avons tous été touchés par la perte, la déception et la tristesse.
Parce que la résilience est une force incroyable. Nous avons tous le potentiel de renaître de nos cendres, plus forts et plus lumineux.
Parce que les mots ont le pouvoir de guérir. .
La poésie et les histoires nous permettent de donner un sens à nos émotions et de trouver du réconfort dans la souffrance.

Ce livre n'est pas un simple récit de souffrance. C'est un hymne à la vie, à l'amour et à la renaissance. C'est un phare d'espoir pour ceux qui cherchent à se relever et à trouver leur chemin dans les méandres de leur cœur.

Le souffle du Phoenix est un cadeau pour l'âme, un voyage vers la guérison et la lumière.

Cendres et poussière, souvenirs brûlants,
Un cœur brisé, une âme qui s'éteint.
Mais, dans les flammes, une promesse murmure,
Le souffle du Phoenix, une renaissance qui perdure. »

L'amour, cet océan aux vagues tumultueuses, nous emporte parfois dans des tourbillons de joie, d'espoir et de passion. Mais, parfois, ces vagues se transforment en tempête, nous laissant naufragés sur les récifs de la déception et de la souffrance.

Ce livre est un voyage au cœur de ces tempêtes. Un voyage à travers les larmes et les cicatrices, les regrets et les désirs. Un voyage vers la lumière, vers la renaissance.

Ici, vous trouverez des mots qui résonnent avec les profondeurs de votre âme, des mots qui vous aideront à donner un sens à la douleur et à la tristesse. Des mots qui vous rappelleront que même dans les ténèbres, il y a toujours un rayon d'espoir, un souffle de vie qui attend de renaître.

Laissez-vous porter par le souffle du Phoenix, et découvrez la force qui sommeille en vous, la capacité de renaître de vos cendres, plus fort et plus lumineux que jamais.
Cendres et poussière, souvenirs brûlants,

Un cœur brisé, une âme qui s'éteint.
Mais, dans les flammes, une promesse murmure,
Le souffle du Phoenix, une renaissance qui perdure.

Chaque jour, nous sommes témoins de la magie de la nature. Des fleurs jaillissent de la terre, les arbres se dressent vers le ciel, et les oiseaux chantent leurs mélodies. Mais, la magie la plus fascinante réside dans la capacité de la vie à renaître de ses cendres.

Comme le Phoenix, qui renaît de ses propres cendres, l'amour peut renaître de la déception et de la souffrance. Il peut se transformer, s'adapter, se renforcer.

Ce livre est un hymne à cette renaissance, à cette force intérieure qui nous permet de surmonter les épreuves et de trouver la lumière au bout du tunnel.

Il s'adresse à tous ceux qui ont été blessés par l'amour, à tous ceux qui ont perdu espoir, à tous ceux qui cherchent un nouveau départ.

Préparez-vous à un voyage au cœur de vos émotions, un voyage qui vous conduira vers la guérison et la renaissance.

La poésie du Phoenix

Le Phoenix d'amour

Dans tes yeux j'ai trouvé un trésor,
Le feu du phœnix guérit encore,
Les blessures de mon cœur fragile,
Tu rends ma douleur inutile.

Le ciel s'ouvre quand tu souris,
La Lune danse quand tu ris,
Tes mots sont des rayons de soleil,
Ils chassent les ombres pareils.

Ton amour est comme un phœnix,
Qui renait des cendres magiques,
Tes baisers brûlent comme des flammes,
Et, apaisent mon âme.

Quand je suis perdu dans la nuit,
Ton regard m'éclaire sans bruit,
Ton amour m'élève si haut,
Je vole sans peur ni faux.

Chaque regard est une renaissance,
Chaque étreinte une délivrance,
Ton amour est ma guérison,
La clé de ma rédemption.

Ton amour est comme un Phoenix

Tu renais dans la nuit noire,
Flamme fraîche, un espoir,
Des cendres, tu éblouis,
Ton amour jamais ne fuit.

Tes yeux brûlent comme des étoiles,
Dans mon cœur, elles dévoilent,
Un feu ardent qui jamais ne dort,
Ton amour est le réconfort.

Ton amour est comme un Phoenix,
Il s'élève et jamais ne triche,
Même quand tout sombre et se fane,
Ton amour renaît d'un éclat.

Quand tout semble s'écrouler,
Ton amour vient tout réparer,
De tes ailes, nous nous cachons,
Dans ta chaleur, nous plongeons.

Ton amour est une magie,
Un éclat dans l'infini,
Comme un Phoenix dans le ciel,
Tu es mon amour éternel.

Souffrance d'amour perdu

Dans la nuit noire, je pleure, je soupire,
Ton absence m'étouffe comme un feu qui inspire,
Sous cette Lune froide, je cherche ton sourire,
Mais, l'écho du passé ne peut que me nuire.

Un chagrin profond comme l'océan sans fond,
Chaque souvenir me brise, me confond,
Ton ombre danse toujours sous mon balcon,
Mais, ton cœur pour moi reste un horizon.

Souffrance de l'amour perdu, je crie,
Ton nom résonne dans ma mélodie,
Comme un phœnix, je renais de ma folie,
De mes cendres, je reconstruis ma vie.

Les étoiles me disent que tu ne reviendras pas,
Mais, je garde l'espoir malgré tout ça,
L'amour nous brûle et nous fait tomber bas,
Tel un phœnix, je m'élève avec éclat.

Les rôles se sont changés, nous voilà séparés,
Notre amour autrefois fort et passionné,
Tourne à l'histoire qu'on raconte, ne pas oublier,
Mais, tes mots doux restent en moi gravés.

Regard du Phoenix

Dans les cendres de la souffrance, je m'élève encore,
Un regard brûlant tel le Phoenix et je m'accorde,
Aux battements du cœur du monde, je me verrai,
Renaitre des débris et je brillerai.

Les nuits sont longues, mais je tiens bon, je répare,
Les morceaux cassés de mon âme, je m'égare,
Mais, la lumière en moi, jamais ne s'éteint,
Je suis le Phoenix de demain, je le sais bien.

Dans les cendres de la souffrance, j'ai trouvé,
Une force nouvelle un regard renait,
Je m'envolerai vers un horizon doré,
Regard du Phoenix, je suis préparé.

Les flammes dansent autour de moi, je ne crains rien,
Je suis brûlé chaque fois, mais je me sens bien,
Le feu me purifie, je deviens plus fort,
Au regard du Phoenix et je m'endors.

Des cendres de l'ancien, le nouveau prend son envol,
Dans la nuit noire, une étoile qui s'étiole,
Mais, revient briller mille fois plus fort,
Le Phoenix en moi jamais ne s'endort.

Thème du phœnix et de la résilience

Le Souffle du Phœnix

Dans l'ombre où se cachent les pleurs et les peines,
S'élève un phœnix, emportant les chaînes,
Son chant résonne, écho d'un cœur blessé,
Il porte en lui l'espoir d'un jour apaisé.

Ses plumes d'or, illuminant la nuit,
Rendent au monde ses couleurs épanouies,
Dans chaque flamme, une histoire à conter,
L'amour renaissant, prêt à s'envoler.

Quand l'âme vacille, emportée par la brume,
Le phœnix murmure, balayant la pénombre,
Il nous apprend à danser avec les cendres,
À voir dans la douleur, une force à défendre.

Ainsi, dans nos cœurs, son souffle vibrant,
Renaît le courage, lumineux et flamboyant,
Car chaque fin cache un début radieux,
Le phœnix, en nous, éclot sous les cieux.

Des Cendres, l'Amour

Dans le silence où l'écho des larmes s'étire,
Un phœnix s'élève, fier dans son empire,
De ses cendres froides, il forge son chemin,
Les blessures d'hier se mêlent à demain.

Étreignant le vent, il danse avec l'étoile,
Renaissant des ombres, effaçant la toile,
Chaque battement de cœur, une mélodie,
Célébrant la vie, sa douce harmonie.

Lorsque le désespoir, tel un voile, s'impose,
Le phœnix embrase, son souffle décompose,
Il offre à l'âme un rayon d'éclat,
Une promesse d'amour qui jamais ne s'en va.

Dans chaque aurore, un reflet de sa flamme,
Nous invite à croire en des lendemains sans drame,
Car même dans la nuit, l'espoir fait son nid,
Et le phœnix murmure : « L'amour est infini. »

Renaître Sous les Flammes

Lorsque la tempête emporte nos rêves,
Le phœnix apparaît, comme un souffle qui élève,
De ses ailes dorées, il chasse la douleur,
Pour révéler l'aube, la beauté en couleur.

Au creux des abysses, où la tristesse rôde,
Il danse avec grâce, sur le fil de l'exode,
Transformant les larmes en perles de lumière,
Et, chaque souvenir devient une prière.

Dans le cœur du feu, se forge notre force,
Le phœnix nous enseigne que rien ne s'épuise,
Car même les chutes, les fractures et les peines,
Sont les graines d'un avenir, une douce rengaine.

Alors, ensemble, élevons nos voix en chœur,
Célébrons la vie, la résilience en labeur,
Car du sein des cendres, avec foi et verbe,
Naît un phœnix vivant, un amour qui préserve.

L'Étreinte du Phœnix

Sous les cieux étoilés, un souffle se déploie,
Le phœnix, majestueux, nous rappelle la foi,
De ses plumes ardentes, il tisse nos espoirs,
Nous montrant que chaque fin peut être un départ.

Dans les ruines du cœur, là où l'ombre se faufile,
Il chante la beauté des âmes qui vacillent,
Transformant les blessures en doux souvenirs,
Renaissant sans cesse, avec amour pour empire.

Quand la nuit s'étend, engourdissant les âmes,
Le phœnix éclot, illuminant la trame,
Nous apprenant à danser dans la tempête,
À trouver en nous la force qui s'apprête.

Ainsi, portés par ce souffle de lumière,
Nous apprenons à aimer, à briser nos barrières,
Dans chaque cendre, un espoir se dessine,
Et, le phœnix, en nous, fait jaillir la divine.

L'Éveil du Phœnix

Dans les ombres du passé, où le silence s'étire,
Un phœnix surgit, illuminant le pire,
De ses ailes flamboyantes, il efface les pleurs,
Redonnant au cœur un éclat de douceur.

Les cendres murmurent des secrets oubliés,
Chaque lueur d'espoir, un souffle enchanté,
Il danse avec le vent, faisant vibrer les âmes,
Nous enseignant que l'amour jamais ne se damne.

Quand le désespoir enlace notre réalité,
Le phœnix s'élève, pour mieux nous libérer,
Dans chaque battement, une force résiliente,
Pour retrouver la lumière, l'éclat d'une existence.

Ainsi, sous le ciel, sa magie opère,
Renaissant de ses flammes, le cœur en lumière,
Car chaque fin laisse place à une douce renaissance,
Et, le phœnix, en nous, crée l'espérance.

Vers l'Infini

Dans la nuit silencieuse où la douleur s'enlise,
Le phœnix éclot, tel un souffle de brise,
De ses plumes d'argent, il frotte nos peines,
Transformant en joyaux les craintes sans chaînes.

Quand le vent s'intensifie, emportant les rêves,
Il murmure des promesses, des instants sans trêve,
Chaque flamme qui s'élève efface nos blessures,
Renaissant avec éclat, il offre des murmures.

Dans les étreintes du temps, là où l'amour se tisse,
Le phœnix inspire, une force propice,
Pour chaque cœur meurtri, il offre une symphonie,
Célébrant la vie, la douceur infinie.

Ainsi, au matin, quand la lumière éclaire,
Nous marchons ensemble, débarrassés de nos fers,
Car le phœnix en nous, vibrant de mille éclats,
Renaît à chaque instant, et jamais ne s'en va.

Les Cendres de l'Âme

Dans les creux de l'ombre, où le silence s'étend,
Un phœnix s'éveille, vibrant, éclatant,
De la chaleur des larmes, il façonne l'espoir,
Renaissant des ténèbres, il illumine le soir.

Ses ailes déployées caressent le désespoir,
Transformant en lumière ce qui semble illusoire,
Chaque souvenir amer devient une étoile,
Dans le ciel de notre cœur, une lueur qui dévoile.

Quand la douleur s'insinue, creusant notre chemin,
Le phœnix apparaît, pour panser le chagrin,
Il nous montre que la force naît dans la souffrance,
Et, qu'après chaque tempête, renaît la résilience.

Alors, ensemble, célébrons cette danse,
Car de chaque cendre jaillit une renaissance,
Le phœnix, témoin de notre humanité,
Nous guide vers l'amour, la sérénité.

Au Cœur de la Flamme

Quand les nuits sont longues et que l'âme s'égare,
Le phœnix se dresse, prêt à faire le phare,
De ses feux scintillants, il dissipe les ombres,
Redonnant à nos vies la chaleur qui succombe.

Dans chaque larme versée, une étincelle d'or,
Il tisse des rêves que la vie décore,
Renaissant du passé, il éclaire l'avenir,
Nous apprenant à vivre, à aimer, à chérir.

Lorsque les doutes s'installent, pesant sur les cœurs,
Le phœnix, porteur d'espoir, réchauffe les heures,
Il nous enseigne que même dans l'adversité,
Il existe un chemin vers la clarté.

Ainsi, dans chaque souffle, nous trouvons notre voie,
Renaissant ensemble, au gré de notre foi,
Car le phœnix, éternel, en nous toujours se bat,
Pour faire jaillir la vie, pour faire jaillir l'amour ici-bas.

Les Flammes de l'Espoir

Dans le creux de la nuit, où les larmes se cachent,
Un phœnix s'éveille, et son chant nous rattrape,
Il danse dans les cendres, avec une grâce rare,
Redonnant aux âmes la force d'un départ.

Ses ailes embrasées, illuminent les cœurs,
Transformant la douleur en éclats de douceur,
Chaque battement résonne comme une promesse,
Que même dans la tempête, l'amour nous confesse.

Quand le monde s'assombrit, et que l'espoir chancelle,
Le phœnix s'élève, étreignant la querelle,
Il nous murmure : « Lève-toi, avance,
Des cendres de ta peine, jaillit une chance. »

Ensemble, brûlons des feux de vie,
Car au cœur de la nuit, une étoile s'épanouit,
Le phœnix, dans notre être, guide notre chemin,
Pour chaque jour renaître, pour aimer sans fin.

L'Étreinte des Cendres

Quand le souffle de l'âme devient un cri muet,
Un phœnix surgit, emportant nos regrets,
Il porte en lui la flamme des rêves déchus,
Renaissant dans la douleur, là où l'espoir est nu.

Ses plumes embrasées, éclats de vie ardente,
Sculptent les souvenirs, des douleurs éclatantes,
Chaque larme versée devient une étoile,
Dans le ciel de nos cœurs, un éclat qui dévoile.

Quand l'obscurité pèse, et que le cœur se brise,
Le phœnix se dresse, sa lumière nous guise,
Il enseigne à aimer, même au bord du chaos,
À puiser dans les cendres la force du flambeau.

Dans l'épreuve, nous chantons sa chanson,
Renaissant à chaque souffle, à chaque émotion,
Car le phœnix, éternel, danse en nous chaque jour,
Pour faire jaillir la vie, pour faire jaillir l'amour.

Le Récit du Phœnix

Dans l'ombre de la nuit, où le chagrin se faufile,
Un phœnix se lève, et sa lumière scintille,
Il emporte les peines, les rêves effacés,
Renaissant des cendres, avec grâce, avec fierté.

Ses ailes déployées embrassent les espoirs,
Chaque flamme raconte un voyage, un miroir,
Il révèle les blessures, les cicatrices d'or,
Transformant le passé en un chant qui s'ignore.

Quand la vie se débat, dans un tumulte amer,
Le phœnix nous murmure : « Ne crains pas l'envers,
Dans chaque ombre se cache une force insoupçonnée,
Renaître est un choix, une danse sacrée. »

Sous ses ailes, nous trouvons notre voix,
Célébrant la résilience, défiant chaque froid,
Car le phœnix, en nous, éclot avec éclat,
Pour illuminer l'amour, pour embraser nos pas.

Au Cœur des Cendres

Quand le silence s'installe, et que l'âme se meurt,
Un phœnix s'élève, embrasant nos douleurs,
De ses flammes vibrantes, il forge une lueur,
Renaissant avec force, étreignant notre cœur.

Dans chaque larme versée, un éclat d'étoile,
Il sculpte les souvenirs, effaçant le voile,
Chaque souffle de vie, un cri de résistance,
Renaissant du chaos, dans une danse immense.

Lorsque les ombres dansent, et que l'espoir s'efface,
Le phœnix nous rappelle : « La vie est une trace,
De chaque moment amer, puise la force d'aimer,
Car dans la renaissance, le bonheur vient s'ancrer. »

Alors, enlacés, faisons éclore nos rêves,
Car au cœur des cendres, notre amour s'élève,
Le phœnix, éternel, guide nos pas en ce monde,
Pour chaque jour renaître, pour l'amour qui abonde.

L'Ascension du Phœnix

Quand la nuit se drape sur nos âmes égarées,
Un phœnix apparaît, flamboyant, paré,
De ses ailes de feu, il balaye le froid,
Renaissant des cendres, comme un chant de joie.

Dans chaque souvenir, une flamme qui brûle,
Des rêves oubliés se redressent, s'accumulent,
Il éclaire le chemin, de sa lumière ardente,
Transformant la douleur en force éclatante.

Quand la tempête gronde, et que tout semble noir,
Le phœnix nous murmure : « Regarde, il y a l'espoir.
Au cœur de la tourmente, puise en toi la flamme,
Renaître est un don, et l'amour, une trame. »

Ainsi, dans la lumière de son vol majestueux,
Nous trouvons le courage d'embrasser le précieux,
Car le phœnix en nous, danse avec le destin,
Pour chaque souffle de vie, pour chaque matin.

Le Souffle du Renouveau

Dans l'ombre des peines, où l'écho s'étiole,
Un phœnix éclate, et sa voix caracole,
Des cendres du passé, il fait jaillir la vie,
Renaissant à chaque instant, il sublime l'infini.

Ses plumes enflammées tracent des chemins d'or,
Révélant les trésors que la douleur dévore,
Chaque larme devient une étoile scintillante,
Illuminant le cœur d'une force vibrante.

Quand la nuit se fait dense, et que tout semble fade,
Le phœnix nous rappelle : « L'amour jamais ne s'achève,
Dans chaque épreuve, trouve la lumière,
Renaître est un acte, une danse sincère. »

Et, ensemble, avançons vers l'aube,
Car le phœnix en nous est une force qui dérobe,
Pour chaque pas en avant, pour chaque élan,
Il nous guide, il nous porte, vers un demain flamboyant.

La Flamme du Cœur

Quand le monde s'assombrit, et que l'âme s'emmêle,
Un phœnix s'élève, et sa lumière appelle,
Il danse avec les ombres, effaçant le passé,
Renaissant de ses cendres, prêt à tout embraser.

Ses ailes embrasées murmurent des secrets,
Transformant les blessures en promesses d'été,
Chaque souffle de vie est une ode à l'amour,
Un chant de renaissance, un éclat du toujours.

Quand la douleur s'invite et que le cœur vacille,
Le phœnix, dans son vol, se fait notre fils,
Il enseigne que la force naît dans les épreuves,
Que de chaque chagrin jaillit la joie sans trêve.

Alors, avec lui, célébrons chaque instant,
Car au fond des cendres, brille un monde éclatant,
Le phœnix, en nos cœurs, réchauffe notre voie,
Pour faire de chaque jour une danse de joie.

Le Voyage du Phœnix

Quand la brume s'installe et que le cœur se fige,
Un phœnix surgit, un éclat dans la frigidité,
Il porte en lui l'histoire de mille éclats,
Renaissant à chaque instant, à jamais ne se lasse.

Ses plumes flamboyantes embrassent les peines,
Transformant les souffrances en chants de sirène,
Chaque larme devient une perle de lumière,
Illuminant nos vies, apportant la prière.

Quand l'horizon s'assombrit et que l'espoir s'éteint,
Le phœnix nous rappelle : « Le voyage n'a point de fin,
Dans chaque coup dur, puise la force d'aimer,
Car renaître est un art, une façon d'exister. »

Et, c'est, main dans la main, embrasons notre voie,
Car le phœnix, en nous, fait naître la joie,
Pour chaque battement, pour chaque chant de vie,
Il nous guide, il nous élève, vers l'infini.

Renaître des Ombres

Quand la nuit s'étend, et que l'espoir chancelle,
Un phœnix émerge, au-delà de la querelle,
Ses ailes enflammées, comme un phare dans l'obscur,
Renaissent de l'absence, du désespoir dur.

Dans le silence brisé, il chante des refrains,
Des souvenirs perdus deviennent un chemin,
Chaque larme qui coule, une note de lumière,
Transformant la souffrance en une douce prière.

Quand le cœur s'égare, et que le doute s'invite,
Le phœnix nous dit : « La vie est une écrite,
Dans chaque épreuve, trouve la force d'aimer,
Car de la cendre naît l'amour pour s'élever. »

Ainsi, dans son vol, célébrons notre histoire,
Car le phœnix en nous allume notre gloire,
Pour chaque souffle, chaque battement sincère,
Il nous guide vers l'aube, vers la lumière claire.

L'Écho des Cendres

Dans les profondeurs, où les souvenirs se cachent,
Un phœnix s'élève, brisant ce qui fâche,
De son être vif, il dessine un chemin,
Renaissant des ombres, il éclaire le destin.

Chaque peine vécue, chaque larme essuyée,
Se transforme en étoile, un éclat, une clé,
Il tisse avec douceur un récit de résilience,
Donnant aux cœurs meurtris une nouvelle existence.

Quand les vents se déchaînent, et que le ciel s'assombrit,
Le phœnix murmure : « L'amour ne s'oublie,
Dans chaque lutte, trouve le souffle sacré,
Renaître est un choix, une force à embrasser. »

Ensemble, chantons cette mélodie,
Car au cœur des cendres, une vie s'épanouit,
Le phœnix, en nos âmes, danse avec éclat,
Pour faire briller l'amour, et jamais ne s'en va.

Flamme Éternelle

Quand l'horizon s'assombrit et que la lumière s'éteint,
Un phœnix resplendit, porteur de nos chagrins,
De ses plumes ardentes, il fait jaillir la vie,
Renaissant des douleurs, en un souffle d'infini.

Chaque cicatrice, un récit, un trésor,
Transforme les épreuves en éclats d'or,
Il nous apprend à chanter malgré la tempête,
À puiser dans le cœur une force secrète.

Quand les doutes s'installent, et que l'espoir vacille,
Le phœnix s'élève, nous offrant sa famille,
Il nous dit : « Dans la nuit, trouve ta voie,
Renaître est un art, et l'amour, une loi. »

Au fil des jours, célébrons notre essence,
Car le phœnix en nous incarne la présence,
Pour chaque souffle de vie, chaque instant vibré,
Il nous guide vers l'aube, pour tout réinventer.

Au Cœur de la Renaissance

Dans les ruelles sombres où l'âme se perd,
Un phœnix scintille, balayant l'envers,
De ses flammes d'amour, il allume nos cœurs,
Renaissant dans les larmes, il chasse les peurs.

Chaque souffle de vie, une danse, un éclat,
Transforme la douleur en un souffle de foi,
Il révèle les trésors que le chagrin dissimule,
Faisant fleurir en nous la beauté qui circule.

Quand le monde se cabre et que l'avenir s'assombrit,
Le phœnix nous rappelle : « La lumière est ici,
Dans chaque épreuve, trouve la force de croire,
Renaître est une danse, une promesse d'espoir. »

Alors, ensemble, volons vers l'horizon,
Car le phœnix, en nous, réveille notre passion,
Pour chaque nouveau jour, pour chaque cœur vibrant,
Il nous guide vers l'amour, vers un souffle éclatant.

L'Embrasement des Souvenirs

Quand la nuit se tisse d'ombre et de peine,
Un phœnix se lève, allumant les chaînes,
De son ardente présence, il efface le froid,
Renaissant des cendres, il révèle la joie.

Chaque larme versée devient une étoile,
Un éclat de lumière dans le ciel qui s'étale,
Il danse dans le vent, porteur d'un avenir,
Transformant les blessures en un doux souvenir.

Quand le monde se trouble et que l'espoir se retire,
Le phœnix nous murmure : « Ne crains pas l'empire,
Dans chaque ombre, une force se cache,
Renaître est une danse, un souffle qui s'attache. »

Faisons fleurir nos rêves en couleurs,
Car au cœur des cendres brillent mille lueurs,
Le phœnix, en nous, chante l'éternel chant,
Pour chaque nouveau jour, pour chaque instant vivant.

Renaître dans l'Infinie Lumière

Dans les abîmes où l'âme se languit,
Un phœnix s'élance, offrant l'infini,
De ses plumes radieuses, il chasse l'obscurité,
Renaissant des douleurs, une nouvelle clarté.

Chaque étreinte du vent devient une mélodie,
Transformant les épreuves en hymnes d'harmonie,
Il nous montre la voie, éclatante et fragile,
Que même dans la tempête, l'amour est un fil.

Quand les doutes s'installent et que la foi vacille,
Le phœnix, majestueux, nous offre son sourire,
« Dans chaque combat, trouve le souffle d'aimer,
Renaître est un art, une force à embrasser. »

Main dans la main, avançons sans trêve,
Car le phœnix en nous allume une sève,
Pour chaque souffle d'amour, pour chaque éclat d'espoir,
Il nous guide vers l'aube, pour briller, pour croire.

Les échos de la résilience

Dans les ruelles sombres où l'écho se meurt,
Un phœnix resplendit, allumant nos cœurs,
Avec flammes brillantes, il façonne l'avenir,
Renaissant de la peine, prêt à nous offrir.

Chaque cicatrice, une histoire à conter,
Transforme le chagrin en force à aimer,
Il nous enseigne à rêver, même au bord du vide,
À puiser dans l'ombre la lumière intrépide.

Quand les tempêtes grondent et que tout semble vain,
Le phœnix nous crie : « N'abandonne pas le chemin,
Dans chaque épreuve, il y a une lueur,
Renaître est une promesse, une danse de cœur. »

Ainsi, célébrons ensemble cette magie,
Car au cœur des cendres, l'amour se déploie,
Le phœnix, en nos âmes, éclot à chaque instant,
Pour faire fleurir la vie, pour un monde flamboyant.

La Danse des Cendres

Dans le silence des nuits où les rêves s'effacent,
Un phœnix s'éveille, effaçant l'impasse,
De ses ailes de lumière, il embrase le ciel,
Renaissant des larmes, il révèle l'éternel.

Chaque souffle de vie, une danse vibrante,
Transforme les douleurs en une quête émouvante,
Il nous apprend à chanter, à aimer sans retour,
À puiser dans les cendres la magie de l'amour.

Quand les ombres s'étirent et que le cœur se fige,
Le phœnix nous murmure : « La vie est un prodige,
Dans chaque moment amer, trouve la force d'aimer,
Renaître est une étreinte, une voie à tracer. »

Joint, bâtissons un nouvel éclat,
Le phœnix en nous illumine chaque pas,
Pour chaque jour à venir, pour chaque joie,
Il nous guide vers l'amour, vers l'infini.

La renaissance des étoiles

Quand les ténèbres s'étirent, englobant nos peurs,
Un phœnix s'éveille, illuminant nos cœurs,
Avec ses flammes d'azur, il fait jaillir l'espoir,
Renaissant des cendres, il tisse notre histoire.

Chaque larme versée devient une constellation,
Transformant la douleur en douce vibration,
Il danse avec le vent, un souffle d'éternité,
Révélant les trésors que cache l'adversité.

Quand la vie nous éprouve, et que l'ombre s'installe,
Le phœnix nous crie : « Ne laisse pas ton âme en cage,
Dans chaque obscurité, il y a une lumière,
Renaître est un choix, une force à faire taire. »

L'un contre l'autre, nous ferons briller,
Car au cœur des cendres, des étoiles à aimer,
Le phœnix, en nous, chante l'éclat du vivant,
Pour faire fleurir la vie, pour chaque jour flambant.

L'Ombre et la Lumière

Dans les creux de l'angoisse, où l'espoir se fane,
Un phœnix surgit, embrasant la savane,
Sa présence de feu, éveille le jour,
Renaissant des douleurs, il fait fleurir l'amour.

Chaque cicatrice brillera comme un trésor,
Transformant nos luttes en éclats d'or,
Il nous apprend à avancer, à chanter, à rire,
À puiser dans les cendres l'énergie de vivre.

Quand le monde s'assombrit et que le cœur s'incline,
Le phœnix nous murmure : « Chaque fin est une épine,
Dans chaque souffrance, trouve la force de voir,
Renaître est un don, une danse d'espoir. »

Alors, ensemble, écrivons notre chemin,
Car le phœnix en nous éclaire chaque destin,
Pour chaque jour nouveau, pour chaque souffle ardent,
Il nous guide vers la vie, vers un amour vibrant.

Le Chant de la Résurrection

Dans les méandres du temps, où la douleur se terre,
Un phœnix s'élève, emportant nos misères,
Offrant ses lumières dorées, il brise le silence,
Renaissant des cendres, il incarne la chance.

Chaque larme, un écho de notre humanité,
Transforme les chagrins en force de clarté,
Il nous offre des ailes pour survoler les maux,
Révélant les joies cachées sous les fardeaux.

Quand l'espoir s'épuise et que tout semble vain,
Le phœnix, en nous, susurre un refrain :
« Dans chaque lutte, trouve la beauté,
Renaître est une danse, une éternelle clarté. »

Ainsi, dans nos cœurs, faisons vibrer cette note,
Car au cœur des cendres, la vie nous emporte,
Le phœnix, éternel, éclot à chaque instant,
Pour faire jaillir l'amour, pour un futur éclatant.

Au Fil des Flammes

Quand l'obscurité s'étend, et que le cœur se serre,
Un phœnix éclot, prêt à braver la mer,
Avec ses ailes flamboyantes, il fait surgir l'aube,
Renaissant des cendres, chaque souffle s'enrobe.

Chaque souffrance vécue devient une leçon,
Transformant les peines en une nouvelle chanson,
Il nous apprend à danser sous les cieux embrasés,
À puiser dans l'amour des forces insoupçonnées.

Quand le monde se brise et que les rêves vacillent,
Le phœnix nous crie : « Ne laisse pas l'oubli briller,
Dans chaque épreuve, trouve la flamme d'aimer,
Renaître est une promesse, un chant à libérer. »

Alors, ensemble, levons les yeux vers l'horizon,
Car le phœnix, en nous, est une douce vision,
Pour chaque souffle de vie, pour chaque cœur vibrant,
Il nous guide vers l'amour, vers l'infini flambant.

Petites histoires

Le souffle du Phœnix

Un voyage de Renaissance

Chapitre 1 :

Les cendres de l'Ancien Monde

Dans un petit village, niché entre les montagnes et les rivières, vivait une jeune fille nommée Lila. Depuis sa plus tendre enfance, Lila avait appris à connaître les douleurs de la vie. Elle avait perdu sa mère à un jeune âge, emportée par une maladie soudaine. Chaque jour, Lila portait ce vide en elle, comme une ombre qui ne la quittait jamais.

Lila passait ses journées à errer dans les forêts verdoyantes qui entouraient son village, se perdant dans la beauté de la nature pour échapper à son chagrin. Les arbres, les fleurs, et même le murmure de l'eau lui parlaient, mais son cœur restait lourd. Elle avait souvent entendu les anciens parler d'un phœnix, un oiseau mythique qui renaissait de ses cendres, un symbole d'espoir et de résilience. Pourtant, pour Lila, cette légende semblait aussi lointaine que les étoiles.

Chapitre 2

La Rencontre avec le Mystère

Un soir, alors que le soleil se couchait et que le ciel se teintait de couleurs dorées, Lila décida de s'aventurer plus loin que d'habitude. Elle grimpa une colline escarpée et, là-haut, découvrit une clairière baignée de lumière. Au centre, se trouvait un vieux chêne, majestueux et sage. En s'approchant, elle ressentit une chaleur étrange, comme une énergie vivante émanant de l'arbre.

Soudain, un souffle chaud effleura son visage. Lila se tourna, stupéfaite, pour apercevoir une silhouette éclatante qui émergeait des ombres. C'était un phœnix, ses plumes flamboyantes brillantes comme un feu dans la nuit. Lila n'en croyait pas ses yeux. L'oiseau majestueux s'approcha d'elle, et ses yeux étincelants capturèrent son âme.

« Je suis ici pour t'aider, Lila », dit le phœnix d'une voix douce, comme un chant de printemps. « Je sens ta peine. Mais, sache que de chaque chagrin peut naître une nouvelle vie. »

Chapitre 3

Le Voyage Intérieur

Surpris mais émerveillé, Lila écouta le phœnix lui raconter son histoire. Il lui parla de la souffrance et de la beauté qui coexistaient dans la vie, de la nécessité d'accepter la douleur pour pouvoir renaître. Il lui expliqua que chaque perte était une opportunité de grandir, de devenir plus fort, plus lumineux.

« Lorsque je renais, je ne perds jamais ce que j'ai été », continua le phœnix. « Je prends avec moi toutes mes expériences, mes joies et mes peines, et cela me rend plus complet. Regarde autour de toi. Chaque arbre, chaque fleur, chaque souffle de vent a son histoire. »

Lila comprit alors que sa douleur, bien qu'intense, faisait partie de son voyage. Elle se mit à voir les cendres de son passé non pas comme un fardeau, mais comme les fondations d'un avenir prometteur. Avec l'aide du phœnix, elle entreprit un voyage intérieur, où elle commença d'explorer ses souvenirs, ses émotions, et à reconnaître la force qui sommeillait en elle.

Chapitre 4

Les Premiers Pas vers la Renaissance

Au fil des jours, Lila commença à changer. Elle prit conscience de la beauté de la vie qui l'entourait. Les rivières murmuraient des secrets, les oiseaux chantaient des mélodies d'espoir. Chaque matin, elle se levait avec une nouvelle intention : celle de vivre pleinement, de ressentir chaque instant.

Guidée par le phœnix, elle apprit à exprimer sa douleur à travers l'art. Elle peignait des paysages flamboyants, où le rouge, le jaune et l'orange dansaient ensemble. Chaque toile était une ode à sa renaissance, une célébration de la vie qui, malgré tout, continuait de s'épanouir.

Chapitre 5

Le Lien avec les Autres

Progressivement, Lila commença à partager son voyage avec les habitants de son village. Elle leur parla du phœnix, de la résilience et de la beauté de la vie après la douleur. À travers ses récits, elle inspira d'autres âmes à se libérer de leurs chaînes, à accepter leurs cicatrices comme des marques de force.

Un jour, en plein hiver, Lila organisa une exposition de ses œuvres. Les murs du vieux village furent ornés de ses peintures vibrantes, illuminant la grisaille de la saison. Les villageois, émus, découvrirent à travers ses yeux la magie de la renaissance. Ils réalisèrent que chacun portait en soi un phœnix, prêt à s'élever au-dessus des cendres de la souffrance.

Chapitre 6

La Célébration de la Vie

Lila et le phœnix continuèrent à parcourir la forêt ensemble, leur lien se renforçant de jour en jour. L'oiseau lui enseigna l'art de la méditation, l'importance de la gratitude et la beauté de la nature. Ensemble, ils dansaient sous les étoiles, célébrant la vie, l'amour et la connexion qui unit tous les êtres.

Avec le temps, Lila devint un phare d'espoir dans son village. Elle organisait des cercles de partage, où chacun pouvait parler de ses blessures et de ses rêves. Les rires se mêlaient aux larmes, et chaque rencontre était un pas vers la guérison collective.

Chapitre 7

La Tempête du Passé

Un jour, alors que le ciel était clair, une tempête éclata soudainement, ravageant le village. Les vents violents emportèrent des toits et déracinèrent des arbres. Lila, bien que forte, ressentit une peur sourde. Elle se souvint des enseignements du phœnix.

« C'est dans l'adversité que nous découvrons notre véritable force », lui murmura le phœnix, apparaissant à ses côtés. « Rappelle-toi, chaque tempête passe, et avec elle, des opportunités de renouveau. »

Soudain, Lila comprit. Elle rassembla les villageois pour les aider à se reconstruire. Ensemble, ils unirent leurs forces, partageant des ressources, des rires et des histoires. La tempête, bien qu'inattendue, devint un catalyseur de solidarité, de résilience et d'amour.

Chapitre 8

La Pluie de Renouveau

Après la tempête, le village se transforma. Les habitants,
unis par l'épreuve, bâtirent de nouveaux foyers,
plantèrent des arbres, et célébrèrent la force de leur
communauté. Lila, debout au milieu de cette renaissance,
se sentit envahie par une immense gratitude.

Le phœnix, observant la scène, lui dit : « Regarde ce que
vous avez créé ensemble. Chaque goutte de pluie a nourri
cette terre, et chaque sourire a éclairé vos âmes. Vous êtes
tous des phœnix, prêts à renaître de chaque épreuve. »

Chapitre 9

Le Dernier Vol

Au fil des saisons, Lila devint une femme inspirante, partageant ses expériences, guidant les autres vers la lumière. Mais, un jour, elle sentit que son temps avec le phœnix touchait à sa fin. Elle le regarda avec tendresse, sachant qu'il était temps de le laisser partir.

« Tu as appris tout ce que j'avais à t'enseigner, » dit le phœnix. « Maintenant, c'est à toi de porter cette flamme. Rappelle-toi toujours que, même dans les moments les plus sombres, la lumière est toujours à portée de main. » Avec ces mots, le phœnix s'envola, ses plumes illuminant le ciel de mille éclats. Lila, le cœur empli de gratitude, regarda son ami disparaître dans l'horizon. Elle savait que son esprit vivrait en elle, l'accompagnant dans chaque moment de sa vie.

Chapitre 10

L'Héritage du Phœnix

Des années plus tard, Lila, devenue sage et respectée, racontait son histoire aux enfants du village. Les enfants l'écoutaient avec des yeux émerveillés, captivés par le récit du phœnix. Elle leur enseignait l'importance d'accepter la douleur, de célébrer la vie, et de toujours chercher la lumière.

Chaque soir, sous les étoiles, elle leur murmurait : « Souvenez-vous, en chacun de vous réside un phœnix. N'ayez jamais peur de renaitre de vos cendres, car voici comment vous découvrirez votre véritable force. »

Et, dans le ciel, un éclat lumineux, comme un doux rappel, scintillait au-dessus d'eux, témoignant de la beauté infinie de la renaissance et de l'amour.

Dans les Cendres de l'Amour

Dans les cendres dorées d'un passé flamboyant,
L'amour s'élève, étreignant le firmament.
Des rêves oubliés, comme étoiles en fuite,
Renaissent avec éclat, l'âme à la conquête.

Les soupirs d'autrefois, échos d'un doux chant,
Reprennent leur envol, vibrant sous le vent.
Chaque larme versée, un fleuve de lumière,
Trace le chemin d'une vie éphémère.

L'ardeur des baisers, tels des feux de joie,
Réchauffe les cœurs dans un monde de foi.
Les âmes s'entrelacent, tissées de promesses,
Sculptant un destin, où la passion s'adresse.

Au matin d'un jour, la renaissance danse,
Le phénix de l'amour, embrasé d'espérance.
Dans les cœurs unis, l'infini s'épanouit,
Chaque battement vibre d'une douce vie.

Étreintes d'Étoiles

Sous le ciel étoilé, où l'amour prend son vol,
Les âmes s'entrelacent, l'univers en contrôle.
Les constellations brillent, témoins de nos rêves,
Tandis que la nuit, comme une mer, s'achève.

Chaque regard échangé, une promesse cachée,
Les cœurs battent à l'unisson, la lumière étoilée.
La tendresse éveille des souvenirs envoûtants,
Dans l'étreinte du temps, nos âmes se font chant.

L'aube qui se lève, caresse nos espoirs,
Transforme les douleurs en éclats d'histoire.
Les blessures guéries, les larmes se tarissent,
Dans le souffle d'un vent, nos cœurs se nourrissent.

Renaître à chaque instant, comme l'arbre en fleurs,
L'amour se réinvente, fleurissant nos cœurs.
Dans cette danse sacrée, aux reflets argentés,
Le phénix s'éveille, nous guide vers l'été.

La Danse des Ombres

Quand la nuit se drape de ses voiles de soie,
Nos ombres s'enlacent, révélant notre joie.
Chaque geste, un ballet, une grâce infinie,
Où l'amour se frotte aux confins de la vie.

Les murmures du cœur, comme un souffle léger,
Font vibrer l'espace, tout semble s'éveiller.
Dans cette danse obscure, où le temps se suspend,
Le phénix s'élève vers l'aube éclatante.

Les blessures se fanent, les rires éclatent,
Les rêves en couleurs, dans la nuit se débattent.
Nous sculptons nos jours, avec tendresse et ardeur,
Chaque regard échangé, sculpte la douceur.

Dans le souffle du vent, un secret partagé,
L'amour se réinvente dans ce souffle engagé.
Renaître à chaque instant, comme un chant d'été,
Le phénix des amours, ne s'arrête jamais

L'Arc-en-Ciel des Âmes

À l'horizon des cœurs, se lève un arc-en-ciel,
Peignant de mille teintes les rêves essentiels.
Chaque couleur éclatante, une note de vie,
S'épanouit en nous, telle une symphonie.

L'amour, ce miracle, traverse les tempêtes,
Renaissant des profondeurs, là où le cœur s'arrête.
Les promesses murmurées, au gré des vents doux,
Tissent des fils d'or, unissant nos jours.

Les saisons passent, mais nos âmes demeurent,
Fidèles aux serments, aux éclats de bonheur.
Dans le jardin du temps, où fleurissent les roses,
Chaque épine se mue en caresse, en osmose.

Le phénix s'éveille, vibrant dans la lumière,
Chaque battement d'aile, un souffle de prière.
Renaître à chaque instant, dans l'amour et la foi,
Tels les arcs-en-ciel, célébrant notre émoi.

Dans les Cendres de l'Amour

Dans les cendres dorées d'un passé flamboyant,
L'amour s'élève, étreignant le firmament.
Des rêves oubliés, comme étoiles en fuite,
Renaissent avec éclat, l'âme à la conquête.

Les soupirs d'autrefois, échos d'un doux chant,
Reprennent leur envol, vibrant sous le vent.
Chaque larme versée, un fleuve de lumière,
Trace le chemin d'une vie éphémère.

L'ardeur des baisers, tels des feux de joie,
Réchauffe les cœurs dans un monde de foi.
Les âmes s'entrelacent, tissées de promesses,
Sculptant un destin, où la passion s'adresse.

Au matin d'un jour, la renaissance danse,
Le phénix de l'amour, embrasé d'espérance.
Dans les cœurs unis, l'infini s'épanouit,
Chaque battement vibre d'une douce vie.

Étreintes d'Étoiles

Sous le ciel étoilé, où l'amour prend son vol,
Les âmes s'entrelacent, l'univers en contrôle.
Les constellations brillent, témoins de nos rêves,
Tandis que la nuit, comme une mer, s'achève.

Chaque regard échangé, une promesse cachée,
Les cœurs battent à l'unisson, la lumière étoilée.
La tendresse éveille des souvenirs envoûtants,
Dans l'étreinte du temps, nos âmes se font chant.

L'aube qui se lève, caresse nos espoirs,
Transforme les douleurs en éclats d'histoire.
Les blessures guéries, les larmes se tarissent,
Dans le souffle d'un vent, nos cœurs se nourrissent.

Renaître à chaque instant, comme l'arbre en fleurs,
L'amour se réinvente, fleurissant nos cœurs.
Dans cette danse sacrée, aux reflets argentés,
Le phénix s'éveille, nous guide vers l'été.

Reflets de la Lune

Dans le miroir d'argent de la Lune complice,
Nos ombres se dessinent, tendres et malicieuses.
Chaque mot murmuré, douce mélodie,
Réveille les passions dans la nuit silencieuse.

Les vagues de l'émoi, sur des rivages d'or,
Bercent nos espoirs et l'amour, encore,
S'élève tel un chant, entre ciel et océan,
Nous transportant ensemble, loin du temps courant.

Les éclats de rire, comme perles d'un collier,
Ornent notre histoire, que rien ne peut briser.
Dans la chaleur des bras, refuge éternel,
Nous nous découvrons, sous l'étoile au ciel.

Et dans chaque adieu, une promesse tissée,
Le phénix renaissant, dans nos âmes enlacées.
L'amour, éternel feu, au-delà des saisons,
Chauffe nos cœurs ivres, d'infinies raisons.

La Danse des Ombres

Quand la nuit se drape de ses voiles de soie,
Nos ombres s'enlacent, révélant notre joie.
Chaque geste, un ballet, une grâce infinie,
Où l'amour se frotte aux confins de la vie.

Les murmures du cœur, comme un souffle léger,
Font vibrer l'espace, tout semble s'éveiller.
Dans cette danse obscure, où le temps se suspend,
Le phénix s'élève, vers l'aube éclatante.

Les blessures se fanent, les rires éclatent,
Les rêves en couleurs, dans la nuit se débattent.
Nous sculptons nos jours, avec tendresse et ardeur,
Chaque regard échangé, sculpte la douceur.

Dans le souffle du vent, un secret partagé,
L'amour se réinvente, dans ce souffle engagé.
Renaître à chaque instant, comme un chant d'été,
Le phénix des amours, ne s'arrête jamais

L'Arc-en-Ciel des Âmes

À l'horizon des cœurs, se lève un arc-en-ciel,
Peignant de mille teintes les rêves essentiels.
Chaque couleur éclatante, une note de vie,
S'épanouit en nous, telle une symphonie.

L'amour, ce miracle, traverse les tempêtes,
Renaissant des profondeurs, là où le cœur s'arrête.
Les promesses murmurées, au gré des vents doux,
Tissent des fils d'or, unissant nos jours.

Les saisons passent, mais nos âmes demeurent,
Fidèles aux serments, aux éclats de bonheur.
Dans le jardin du temps, où fleurissent les roses,
Chaque épine se mue en caresse, en osmose.

Le phénix s'éveille, vibrant dans la lumière,
Chaque battement d'aile, un souffle de prière.
Renaître à chaque instant, dans l'amour et la foi,
Tels les arcs-en-ciel, célébrant notre émoi.

Le Phoenix d'Amour

Dans tes yeux, j'ai trouvé un trésor,
Le feu du phœnix guérit encore,
Les blessures de mon cœur fragile,
Tu rends ma douleur inutile.

Le ciel s'ouvre quand tu souris,
La Lune danse quand tu ris,
Tes mots sont des rayons de soleil,
Ils chassent les ombres pareils.

Ton amour est comme un phœnix,
Qui renait des cendres magiques,
Tes baisers brûlent comme des flammes,
Pour enfin apaiser mon âme.

Quand, perdu dans la nuit,
Ton regard m'éclaire sans bruit,
Ton amour m'élève si haut,
Que je vole sans peur ni faux.

Chaque regard est une renaissance,
Chaque étreinte une délivrance,
Ton amour est ma guérison,
La clé de ma rédemption.

Nouvelle flamme

Tu renais dans la nuit noire,
Flamme fraîche un espoir,
Des cendres, tu éblouis,
Ton amour jamais ne fuit.

Tes yeux brûlent comme des étoiles,
Dans mon cœur, elles dévoilent,
Un feu ardent qui jamais ne dort,
Ton amour est le réconfort.

Ton amour ressemble à un Phoenix,
Qui s'élève et jamais ne triche,
Même quand tout sombre et se fane,
Ton amour renaît d'un bel éclat.

Quand tout semble s'écrouler,
Ton amour vient tout réparer,
De tes ailes, nous nous cachons,
Dans ta chaleur, nous plongeons.

Ton amour est une magie,
Un éclat dans l'infini,
Comme un Phoenix dans le ciel,
Tu es mon amour éternel,
Souffrance de l'amour perdu.

Je pleure, je soupire

Dans la nuit sombre, je pleure, je soupire,
Ton absence m'étouffe comme un feu qui inspire,
Sous cette Lune froide, je cherche ton sourire,
Mais, l'écho du passé ne peut que me nuire.

Un chagrin profond comme l'océan sans fond,
Chaque souvenir me brise, me confond,
Ton ombre danse toujours, sans raison,
 Ton cœur pour moi reste un lointain horizon.

Souffrance de l'amour perdu, je crie,
Ton nom résonne dans ma mélodie,
Comme un phœnix, je renais de ma folie,
De mes cendres, je reconstruis ma vie.

Les étoiles me disent que tu ne reviendras pas,
Mais, je garde l'espoir malgré tout cela,
L'amour nous brûle et nous fait tomber bien bas,
Tel un phœnix, je m'élève avec éclat.

Les rôles se sont changés, nous voilà séparés,
Notre amour autrefois fort et passionné,
Tourne à l'histoire qu'on raconte, attristé,
Mais, tes mots doux restent en moi gravés.

Regard du Phoenix

Dans les cendres de la souffrance, je m'élève encore,
Un regard brûlant du Phoenix et je m'accorde,
Aux battements du cœur du monde, je me verrai,
Renaitre des débris et finalement, je brillerai.

Les nuits sont longues, mais je répare,
Les morceaux cassés de mon âme, et m'égare,
Mais, la lumière en moi, jamais ne s'éteint,
Je suis le Phoenix de demain, je le sais bien.

Dans les cendres de la souffrance, j'ai trouvé,
Une force nouvelle un regard qui renait,
Je m'envolerai vers un horizon doré,
Au regard du Phoenix, je suis préparé

Les flammes dansent autour de moi, je ne crains rien,
Je me suis brûlé chaque fois, mais je me sens bien,
Le feu me purifie, alors je deviens plus fort,
Au serein regard du Phoenix, enfin, je m'endors.

Des cendres de l'ancien, le nouveau prend son envol,
Dans la nuit noire, une étoile qui s'étiole,
Mais, revient briller mille fois plus fort,
Le Phoenix en moi jamais ne s'endort.

Le Phoenix blessé

Il se rappelle les flammes, la chaleur qui l'entourait,
L'envolée libre, la joie qui l'habitait.
Le Phoenix est blessé, son âme est meurtrie,
L'amour perdu, son cœur est brisé, il est déçu.

Il se rappelle son chant, son envolée vers le ciel,
Le Phoenix, blessé, ne peut plus voler, il est rebelle.
Il se rappelle la lumière, la chaleur du soleil,
Le Phoenix est blessé, son âme appelle.

Mais, une main douce, vient le recueillir,
Un cœur compatissant, le veut guérir.
Le Phoenix retrouve sa force, il est heureux,
Il s'envole nouveau vers un ciel plus radieux.

Dans le ciel immense, il trace son destin,
La douleur s'efface, remplacée par l'éclat divin.
Le Phoenix, renouvelé, brille avec ardeur,
L'amour l'a sauvé, il renaît avec ferveur.

L'amour renaît avec raison

Dans la nuit calme, je sens le vent,
Le souffle du Phoenix vibrant,
Doux chant qui sommeille au levant,
Réchauffe les cœurs en écoutant.

C'est là que le poète, avec tendresse,
Dévoile les douleurs sans cesse,
Les peines d'amour dans la détresse,
Sans voile, il conte nos faiblesses.

Sous les étoiles, notre secret,
Des larmes et des rires discrets,
Comme un Phoenix, on renaît,
Chaque chagrin devient fierté.

Dans les ombres de nos cœurs brisés,
Un espoir se met à flotter,
Les cendres du passé effacées,
Un nouveau jour s'est annoncé.

Le feu ardent de nos passions,
Brille comme une constellation,
L'amour renaît avec raison,
Dans chaque mélodie, une chanson.

Le miroir brisé

Le miroir se brisa, un éclat d'angoisse,
Reflétant la tristesse, la douleur sans cesse.
Chaque morceau, un souvenir qui se déchire,
Un amour perdu, une promesse qui expire.

Le reflet s'efface, le vide s'installe,
L'image s'éteint, l'espoir se défait.
Le cœur bat encore, mais il ne voit plus rien,
Seul le silence résonne, un chant de chagrin.

Les fragments brillent, comme des larmes de cristal,
Témoins d'un amour, qui s'est envolé trop vite, trop mal.
L'âme se brise, comme un vase précieux,
L'amour s'éteint, laissant un vide creux.

Mais, dans la poussière, un rayon de lumière,
Un espoir renaît, une promesse de bien faire,
De reconstruire l'âme, de recoller les morceaux,
De retrouver l'amour, au-delà des drapeaux.

L'ombre du passé

L'ombre du passé, s'étend sur mon chemin,
Un spectre de tristesse, un souvenir en plein.
Le vent murmure des mots, doux et amers,
Des rêves brisés, des espoirs disparus.

Le soleil se couche, sur les ruines d'un amour,
La nuit s'installe, chassant la beauté du jour,
Je cherche la lumière, je cherche mes torts,
Mais, l'ombre persiste, et mon âme se dévore.

Le temps s'écoule inexorablement,
Laissant derrière lui, des traces d'un sentiment.
Le passé me hante, comme un spectre cruel,
Je cherche la paix, dans un silence rebelle.

Mais, l'espoir renaît, à la naissance du jour,
Un nouveau soleil, qui chasse l'ombre et la peur.
Je me relève, plus fort, c'est enfin mon tour,
Le passé derrière, je rallume mon cœur.

L'oiseau blessé

L'oiseau blessé, sur le bord du nid,
Se débat, se tord, le cœur rempli de froid.
Ses ailes brisées, ne peuvent plus le porter,
L'amour perdu, l'empêchant de voler.

Le ciel s'assombrit, la pluie s'abat,
L'oiseau tremble, un destin sans trêve.
Il se rappelle le chant, de l'amour roi,
Un passé heureux, qui pour lui s'achève.

Mais, une main douce, vient le recueillir,
Un cœur compatissant, le veut guérir.
Le temps passe, l'oiseau retrouve sa force,
Ses ailes repoussent, il redresse le torse.

Il s'envole de nouveau, vers un ciel radieux,
L'amour renaît dans son cœur joyeux.
L'oiseau blessé, a recouvré sa liberté,
L'espoir renaît avec une nouvelle beauté.

La flamme vacille

La flamme vacille, au bord de l'extinction,
L'amour s'éteint, laissant un cœur en affliction.
Les souvenirs brûlent, comme des braises ardentes,
Un passé heureux, qui se transforme en cendres.

Le vent froid souffle, sur le bonheur mourant,
L'espoir s'évanouit, la tristesse s'installant.
Les larmes coulent, comme des gouttes de pluie,
L'amour perdu, laisse vide et agonie.

Mais, au fond du cœur, une étincelle persiste,
Un espoir fragile, qui ne veut s'éteindre, qui insiste.
La flamme vacille, mais ne s'éteint pas,
L'amour qui renaît, toujours se battra.

Le cœur se relève, plus fort que jamais,
L'amour se renouvelle, toujours renaît,
Bien sûr, le passé brûle, mais ne détruit pas,
L'amour revit et redevient roi.

Cœur en ruine

Dans l'abîme glacé d'un cœur dévasté,
Où l'espoir défunt laisse un sombre manteau,
S'effondre l'écho des baisers emportés,
Gisent en cendre les serments trop beaux.

L'amour, spectre pâle, aux ailes meurtries,
Semble s'effacer dans l'ombre des regrets,
Mais, sous les débris des promesses flétries,
Il cache en son sein un feu qui renaîtrait.

Comme l'astre d'or qui, dans l'ombre, se lève,
La flamme d'antan se ravive soudain,
De l'amas des pleurs où mon âme s'achève,
Surgit le Phénix, messager du destin.

Tu reviens, douce et lointaine lumière,
Portant dans tes bras les lueurs du matin,
Mon cœur, dévasté par l'amour éphémère,
Renait sous tes doigts, éternel et divin.

Le Souffle des Amants

Sous les voiles ternis des amours oubliées,
Un parfum persiste, un éclat dans le noir,
Il reste un soupir aux lèvres déliées,
Un rêve égaré qui poursuit notre espoir.

Dans le silence doux des nuits sans étoile,
Je sens frémir ton ombre au creux de ma peau,
Comme un souffle ancien, éternel, qui s'étale,
Enflamme mon cœur, où renaît le plus beau.

Le vent du passé murmure ta tendresse,
Réveille en moi l'éclat d'un vieux serment ,
L'amour, tel un dieu, me prend dans sa caresse,
Brûlant d'un feu pur, tendre et frémissant.

Viens, ô toi qui fais renaitre la lumière,
Cueillir les éclats de l'astre trop lointain,
Qu'en nos cœurs, ranimés de prière,
S'éveille un bonheur aux reflets souverains.

L'Éternel Retour

Quand le jour s'éteint sous les cieux délabrés,
Mon cœur fatigué n'entend plus que l'absence,
Mais, au creux des ombres, en larmes, habitées,
Je sens vibrer l'écho d'une tendre errance.

L'amour, disparu aux lueurs de l'orage,
Revient, glorieux, au détour de mes nuits,
Tel un phénix d'or, flamboyant sur la plage,
Dans son éclat, mon âme, il éblouit.

De la cendre froide jaillit la chaleur,
Tes bras endormis, d'un frisson, se déploient,
Dans nos regards, la flamme de douceur
Rallume l'amour où la vie nous revoit.

Tu reviens vers moi, lumière souveraine,
Dans ton sillage, l'univers renaît ,
Sous tes pas légers, je revis sans peine,
L'amour, infini, en nos cœurs régnait.

L'Écho des Promesses

Sous les voûtes bleutées d'un ciel endeuillé,
Les astres pleuraient leur lumière éphémère ;
Mais, dans l'ombre, à l'orée d'un rêve oublié,
Brillait ton visage, promesse sincère.

Comme un souffle doux au bord de mes lèvres,
Ton nom, murmuré, éclate dans le vent ;
Il ravive en moi des heures, si brèves,
Où ton cœur battait en mon cœur frémissant.

L'amour, exilé dans des cieux de misère,
Renaît dans l'éclat d'un mot que tu dis,
Tel un printemps en pleine chimère,
Il redonne vie aux songes adoucis.

Revient à moi, toi qui dans l'ombre te dresses,
Apportant l'espoir de jours retrouvés,
Ton sourire clair réveille les caresses
Qui, sur mes lèvres, jamais n'ont cessé.

Le Serment des Ombres

Dans la nuit profonde où s'égare ma peine,
Je tends les mains vers un rêve disparu,
Du fond des brumes, une voix souveraine,
Ranime en moi l'espoir trop tôt suspendu.

Ton nom, doux écho d'une étoile lointaine,
Revient caresser le silence infini,
Comme un vent d'amour qui, sur l'onde sereine,
Porte à mes lèvres un baiser impuni.

De nos cœurs meurtris, à l'éclat du ciel noir,
S'élève un serment, l'amour en renaissance,
Dans l'ombre froide où se tisse l'espoir,
Brûle en secret l'étreinte de l'absence.

Tu reviens, phénix aux ailes assurées,
Ranimer le feu éteint dans mes yeux las,
Nos âmes, enfin de nouveau consumées,
S'enlacent d'un souffle éternel et tenace.

Blessure du Phoenix

Le cœur brûle comme un feu sans flammes,
Au fond des nuits où je crie ton nom,
Les cendres de nos âmes se déchirent,
Mais, je me relève à chaque fois.

Les souvenirs se faufilent dans mes rêves,
Comme des ombres qui dansent sur les murs,
Je te cherche dans le vide sans fin,
Je renais malgré la douleur.

La blessure du Phoenix d'amour,
On tombe, on se relève toujours,
Tu pars et je trouve ma force,
Comme un Phoenix, mon âme s'efforce.

Les larmes coulent, mais elles s'effacent,
Les promesses brisées comme du verre,
Dans ce chaos, je trouve ma place,
Un Phoenix plane dans l'air.

Le vent murmure des secrets doux,
Des mots que seule la nuit comprend,
Ton amour était un coup,
Mais, encore, je renais grandissant.

L'Aube des Cendres

Sous l'éclat brisé de mes nuits effacées,
Je recueille en silence les ombres du feu,
De l'amour ancien, des promesses glacées,
Ne reste qu'un souffle au goût silencieux.

Pourtant, dans l'écho des pleurs qui s'effacent,
Ton rire revient, furtif et éclatant,
Sur mes lèvres se pose la trace,
D'un baiser nouveau, brûlant et haletant.

Des cendres noircies où gisait la douleur,
Renait ton visage, doux comme le jour,
Mon cœur s'embrase, sous l'ardeur d'un pleur,
Que tu changes en or, en éclats d'amour.

Reviens, tendre étoile au bord de mes rêves,
Guidant mes pas vers l'aube de nos serments ;
Sous ton éclat pur, mon âme se soulève,
Mon cœur meurtri chante à chaque instant.

La Flamme Retrouvée

Sous l'ombre pesante où mon âme s'étire,
Un désir ancien s'agite, renaissant,
Comme un souffle ardent, au bout d'un soupir,
Qui rallume en moi un amour palpitant.

Le ciel s'embrase sous l'éclat de tes yeux,
Mon cœur se réchauffe à tes lèvres de miel,
Dans l'air porté par ton souffle précieux,
Je retrouve enfin l'ardeur éternelle.

L'amour, tel un brasier sous la cendre douce,
S'éveille de nouveau, plus pur que le passé,
Dans nos veines, une flamme s'émousse,
Brûlant de l'éclat d'un amour insensé.

Viens, lumière d'or, rallumer cette flamme
Qui, sous les débris, attendait ton retour,
Mon cœur, autrefois déchiré dans son drame,
S'élève encore, ivre de ton amour.

L'Ombre des Étreintes

Dans les plis du soir, où l'ombre nous enlace,
Je cherche encore ton souffle oublié,
Mon cœur, dévasté par l'absence tenace,
Attend que renaisse l'amour délié.

Mais, voilà qu'au fond d'un rêve suspendu,
Ton visage clair revient dans mes pensées,
L'ombre se dissipe, le temps éperdu,
Nous redonne espoir, nos âmes enlacées.

Tel un phénix d'or surgissant des abîmes,
Ton amour m'étreint dans ses bras renaissants,
Mes larmes, sèches aux rives sublimes,
S'évaporent sous ton regard apaisant.

Ainsi s'éveille l'écho de nos serments,
Dans la douce chaleur de ta tendre étreinte,
Nos cœurs, fatigués par les vents insistants,
Se trouvent, à nouveau, libérés de crainte.

La Rose de l'Oubli

Dans le jardin des rêves que l'oubli efface,
J'erre solitaire, cherchant ton reflet,
Mais, du fond des ombres, une douce trace,
Me guide vers toi, dans un sentier secret.

La rose fanée que je portais en moi,
Sous la pluie des jours, s'est lentement flétrie,
Mais, à ton retour, par un miracle en soi,
Elle s'ouvre de nouveau, fragile et fleurie.

Ton regard d'azur, brillant comme l'orage,
Ranime en mon cœur une joie inconnue,
L'amour, empli de son tendre message,
Me rend à la vie, aux espoirs jamais vus.

O toi, qui fais renaître en moi la lumière,
Cueille encore une fois les fleurs du destin,
Sous tes mains, mon âme, brisée par l'hiver,
S'éveille au matin, douce et sans chagrin.

Le Chant du Ruisseau

Dans le doux murmure d'un ruisseau d'oubli,
Je laisse s'écouler les peines d'autrefois,
Ton nom revient, dans l'éclat de la nuit,
Porté par les flots, doux écho de ta voix.

Tel un chant secret qui berce les rives,
L'amour enfoui se ranime en douceur,
Du fond des flots où je me dérive,
Renait ton sourire, effaçant ma torpeur.

Le courant paisible s'emporte à nouveau,
Nous portant vers l'aube de nos jeunes jours,
Mon cœur se baigne, ivre sous le fardeau
De ton amour pur, ressuscité, pour toujours.

Viens, toi qui fais briller l'eau de mes larmes,
Dans ce ruisseau, mêlons nos destins,
Nos cœurs, réchauffés par l'éclat de tes charmes,
Renaitront, baignés dans des flots cristallins.

Où, te caches-tu ?

Les mirages se dressent comme des illusions,
Mais, mon cœur y croit encore et encore,
Avec chaque battement, chaque passion,
Je trace mon chemin vers ce sublime trésor.

Oh Phoenix d'amour où, te caches-tu,
Dans les cendres, je fouille sans relâche,
Ton feu m'embrase même quand tu es perdu,
Je trouve l'espoir dans chaque éclat de flamme.

Les souvenirs d'un amour passé me hantent,
Comme des fantômes dans la nuit sombre,
Je me bats contre le vent et l'attente,
Pour retrouver cette lumière qui comble.

Avec la force d'un cœur qui s'embrase,
Je me lève chaque jour pour te trouver,
Je suivrai la lueur de ton extase,
Phoenix d'amour, je ne vais pas renoncer.

Dans chaque tempête, chaque éclat d'éclair,
Je sens ton souffle tes ailes de mystère,
Même si l'obscurité me désespère,
Je sais que tu brûles au bout de cette terre.

Amour Phoenix

L'amour renaît de ses cendres,
Les cœurs renaissent à la lueur du feu,
Des rêves étincelants dans le ciel très haut,
Ressens la magie, prendre son envol.

Les ailes de la passion s'élèvent avec force,
Dans la nuit, vivra notre chanson,
Jamais, nous ne nous séparerons,
La flamme de l'amour gravée dans l'écorce.

À travers les cendres, nous nous élèverons,
Avec un amour qui ne connaît pas de fin,
Main dans la main, libre, nous planons,
Dans tes yeux, j'aperçois ma destinée

Les feux s'éteignent, mais l'amour demeure,
À travers les tempêtes et les pluies douces,
S'élève au-dessus de l'étreinte du bonheur,
Place de choix pour nos deux cœurs.

Amour espéré

Nous courons dans le vent sans cesse,
Dans un tourbillon de rêves fous,
Les étoiles brillent plus fort sans stress,
Sous un ciel vaste et si doux.

Les fleurs dansent sous la Lune brillante,
Nos cœurs battent en harmonie,
Chaque instant devient lueur éclatante,
Espérer l'amour, voilà qui est la vie.

Espérer l'amour c'est magique,
Comme un phœnix et ses cendres,
Le renouveau est fantastique,
Avec toi, rien à comprendre.

Nous créons notre propre univers,
À chaque baiser un monde se forme,
Même dans la tempête et les hivers,
Ton amour, doucement, me transforme.

Les nuages passent, mais, bien à tes côtés,
Les défis ne font que nous renforcer,
Dans tes yeux, je vois le monde entier,
Avec toi, l'avenir est simplement gravé.

Enfin là

Sur les ailes du ciel, on vole,
Dans le vent, on se perd, on s'envole,
Soleil brûlant sur nos visages,
Nos cœurs battent en synchronie sage.

Les nuits douces où l'on se trouve,
Sous les étoiles, notre amour s'approuve,
Mystère dans la chaleur de l'été,
Notre passion ne fait que monter.

L'amour Phoenix est enfin là,
Dans nos cœurs, il renaît chaque fois,
Comme une flamme qui ne s'éteint pas,
L'amour Phoenix est encore là.

Parfum de rose dans la brise légère,
Nos âmes se touchent, douce lumière,
Chaque instant un éternel poème,
On chante ensemble le même thème,

Des souvenirs gravés dans nos esprits,
Moments précieux qu'on revit ici,
Nos promesses comme des constellations,
Guident nos pas sans aucune hésitation.

Amour perdu

Les étoiles dans la nuit sombre,
Nos souvenirs me laissent tomber,
Douce mélodie, qui me fait ombre,
Ton absence, ton rire dans mes pensées,

Oh tristesse d'amour perdu,
Ton image ne s'effacera jamais,
Dans mes rêves, tu ne reviens plus,
Et ton amour s'en est allé.

Les jours passent et je me perds,
Dans les ombres de ton sourire,
Ces mots doux que j'espère,
Restent gravés sans jamais partir.

Les larmes glissent sur mon visage.
Les éclats de joie se fondent en noir,
Ton absence est un lourd bagage,
Que mon cœur peine à pouvoir croire.

Amour retrouvé

Dans le jardin des souvenirs,
Ton sourire, en doux empire,
Les roses dansent dans la brise,
 Ton parfum m'entête et me grise.

Des jours sans toi, des nuits sans fin,
Perdu dans l'ombre du chagrin,
Quand soudain brille la lumière,
Et, mon cœur finit sa guerre.

Amour retrouvé, bonheur partagé ,
Nos cœurs entremêlés, jamais séparés,
Dans tes bras, je revis, je renais
Amour retrouvé, jamais oublié.

Chaque moment, chaque instant,
Ton regard, mon firmament,
Les étoiles lèvent leur chant,
Le bonheur pour moi est grand.

Sans lui

Il m'a laissé, je suis perdu,
Je l'ai tant aimé, la douleur me tue ,
Dans le noir de la nuit, je pleure en silence,
Cherchant son amour, sa tendre présence.

Nos souvenirs flottent comme des ombres,
Dans mon cœur sa voix résonne encore,
Ses baisers doux me manquent tellement,
Sans lui, je marche seul dans le vent .

Reviens à moi, je t'en supplie,
Sans toi ma vie est un long cri,
Chaque jour est une éternité,
Sans toi, je ne peux respirer.

Son sourire était mon soleil,
Maintenant chaque jour est pareil,
Un vide immense, une désolation,
Sans lui, je perds ma raison.

Je garde l'espoir qu'il reviendra,
Que nos cœurs battront à l'unisson,
Mais, le temps passe et je me noie,
Dans une mer de déception.

Renouveau

Dans l'aube naissante, un doux murmure,
Le souffle du phœnix s'élève, pur.
Des braises d'amour en une fresque,
Renaissent les rêves sous un ciel d'azur.

Le cœur ardent, tel un phare éclatant,
Réchauffe l'ombre d'un monde hésitant.
Chaque battement est une promesse,
D'un renouveau, d'une douce liesse.

L'âme voyage vers des cieux infinis,
Portée par l'espoir, elle fuit la nuit.
Dans un élan, elle s'élève, légère,
Pour embrasser l'horizon de lumière.

Ainsi s'écrit l'histoire éternelle,
D'un amour pur, d'une vie nouvelle.
Sous le regard bienveillant du ciel,
Se forge un destin, beau et immortel.

Les ailes du phœnix

Au cœur des flammes, un chant s'élève,
Une mélodie douce, un rêve.
Les cendres dansent, un ballet divin,
Sculptant l'avenir d'un jour serein.

Les ailes du phœnix battent le temps,
Effaçant les peurs d'un souffle apaisant.
Chaque cendre porte une lumière,
Promesse d'un jour sans chimère.

Les larmes versées deviennent rosée,
Sur la terre aride, amour déposé.
Chaque étoile, dans la nuit, luit,
Témoin d'un cœur qui jamais ne fuit.

Ainsi, dans un éclat de poésie,
Naît la vie, dans sa douce mélodie.
Vers d'amour et de renaissance,
Ode à la beauté, à l'existence.

Éveille de l'âme

Sous un ciel étoilé, l'âme s'éveille,
Écoutant le chant d'une douce merveille.
Les vents murmurent des secrets anciens,
Tissant avec soin des liens vers demain.

Les flammes dansent dans un bal mystique,
Éclairant la nuit d'un éclat magique.
Chaque étincelle est un mot d'amour,
Écrit dans le ciel, promesse du jour.

Les cendres du passé, douce mémoire,
S'envolent, emportant les vieilles histoires.
Un souffle nouveau caresse la terre,
Éveillant l'espoir, chassant l'hiver.

Ainsi se dessine un monde parfait,
Où l'amour renaît, où tout est refait.
Dans ce doux rêve, le phœnix chante,
Un hymne éternel, une flamme ardente.

Dans le silence

Dans le silence du matin naissant,
Le phœnix s'éveille, majestueux et grand.
Ses ailes d'or, par le vent, caressées,
Embrassent le ciel, l'éther embrasé.

Chaque souffle est une douce harmonie,
Un chant d'amour, une symphonie.
L'ombre se dissipe, laissant la place,
À la lumière, à la divine grâce.

Les souvenirs s'évanouissent, légers,
Dans l'oubli d'un passé désormais figé.
Les rêves s'écrivent sur des pages blanches,
Portés par l'espoir, d'une vie qui penche.

Ainsi renaît l'amour, doux et puissant,
Dans un univers vibrant et dansant.
Vers d'amour et de renaissance,
Ode à la vie, sublime essence.

Éternel présent

Un souffle chaud traverse le temps,
Portant l'amour, éternel présent.
Le Phoenix chante, son cœur vibrant,
Dans un éclat d'or éblouissant.

Les cendres du passé s'éparpillent,
Révélant des rêves qui scintillent.
Chaque étoile raconte une histoire,
De passion, de joie, de doux espoir.

Les vents murmurent des vers anciens,
L'écho d'un amour sans fin ni lien.
Renaissant sans cesse, tel un refrain,
Sur les ailes du temps, doux chemin.

Ainsi se tisse l'éternelle danse,
D'un amour pur, d'une renaissance.
Dans ce monde où tout est possible,
Vivent les rêves, doux et indicibles.

Majestueux secret

Sous la voûte céleste, un éclat discret,
Le Phoenix s'élève, majestueux secret.
Ses plumes embrasent l'obscurité,
D'un feu sacré, une éternité.

Les murmures du vent chantent l'espoir,
Portant l'amour au-delà du noir.
Chaque battement d'aile résonne,
D'une promesse douce et bonne.

Les cendres dansent dans un ballet parfait,
Créant des rêves qu'on ne saurait nier.
Sous un ciel étincelant de clarté,
L'avenir s'écrit, lumineux et doré.

Ainsi se forge le destin éternel,
Où l'amour triomphe, beau et solennel.
Vers d'amour et de renaissance,
Un hymne à la vie, pleine de chance.

Histoire d'un jour

Dans l'aube naissante, un doux frisson,
Le phœnix s'éveille avec passion.
Ses ailes embrassent le jour naissant,
Éclairant le monde d'un éclat brûlant.

Les étoiles murmurent des secrets,
Tissant des rêves dans un ballet.
Chaque note est une douce promesse,
D'un amour pur, d'une liesse.

Les cendres d'hier s'envolent, légères,
Portant avec elles les vieilles chimères.
Le souffle du vent caresse les âmes,
Renaissant en un doux drame.

Ainsi s'écrit l'histoire d'un jour,
Où l'amour renaît toujours.
Dans ce monde de douce espérance,
Chantons l'amour et la renaissance.

Un chant résonne

Au sommet des cieux, un chant résonne,
Le phœnix vibre, cœur qui s'étonne.
Ses ailes d'or, par le vent, bercées,
Portent l'espoir d'un avenir enchanté.

Les braises dansent dans un doux ballet,
Éclairant la nuit de leur secret.
Chaque flamme est un mot d'amour,
Une promesse d'un meilleur jour.

Les souvenirs s'effacent doucement,
Emportés par le souffle du temps.
Le passé se dissipe dans l'oubli,
Laissant place à un doux répit.

Ainsi renaît un monde nouveau,
Où l'amour s'épanouit en un tableau.
Vers d'amour et de renaissance,
Un hymne à la vie, pleine de chance.

Silence du crépuscule

Dans le silence du crépuscule,
Le phœnix s'élève, loin de la bulle.
Ses plumes d'or embrasent le ciel,
D'un feu ardent, éternel.

Les ombres dansent, un doux secret,
Portant l'amour comme un ballet.
Chaque souffle est une mélodie,
Un chant d'espoir, une harmonie.

Les cendres se dispersent au vent,
Créant des rêves dans le firmament.
Un souffle nouveau caresse la terre,
Éveillant la beauté, chassant l'hiver.

Ainsi se tisse l'histoire éternelle,
D'un amour pur, d'une vie si belle.
Dans ce monde de douce espérance,
Chantons l'amour et la renaissance.

Éclat d'or

Au cœur de la nuit, un éclat d'or,
Le phœnix s'envole, loin des décors.
Ses ailes enflamment le firmament,
Scintillant d'un feu éclatant.

Les étoiles murmurent des rêves,
Portant l'amour comme une sève.
Chaque note est un doux refrain,
Écrivant l'histoire d'un demain.

Les cendres du passé s'évanouissent,
Laissant place à l'espoir qui fleurit.
Le vent porte un souffle nouveau,
Éveillant la vie, doux cadeau.

Ainsi renaît le doux poème,
D'un amour pur, d'un cœur qui aime.
Vers d'amour et de renaissance,
Un hymne à la vie, pleine de chance.

Souffle léger

Dans le matin clair, un souffle léger,
Le phœnix s'élève, cœur apaisé.
Ses ailes d'or embrasent le ciel,
D'un feu sacré, éternel.

Les murmures du vent chantent l'espoir,
Portant l'amour au-delà du noir.
Chaque battement d'aile résonne,
D'une promesse douce et bonne.

Les cendres dansent dans un ballet,
Créant des rêves qu'on ne saurait nier.
Sous un ciel étincelant de clarté,
L'avenir s'écrit, lumineux et doré.

Ainsi se forge le destin éternel,
Où l'amour triomphe, beau et solennel.
Vers d'amour et de renaissance,
Un hymne à la vie, pleine de chance.

Histoire d'un jour

Dans l'aube naissante, un doux frisson,
Le phœnix s'éveille avec passion.
Son envergure rougeoie le jour naissant,
Éclairant le monde d'un éclat brûlant.

Les étoiles murmurent des secrets,
Tissant des rêves dans un ballet.
Chaque note est une douce promesse,
D'un amour pur, d'une liesse.

Les cendres d'hier s'envolent, légères,
Portant avec elles les vieilles chimères.
Le souffle du vent caresse les âmes,
Renaissant en un doux drame.

Ainsi s'écrit l'histoire d'un jour,
Où l'amour renaît toujours.
Dans ce monde de douce espérance,
Chantons l'amour et la renaissance.

Monde nouveau

Au sommet des cieux, un chant résonne,
Le phœnix vibre, cœur qui s'étonne.
Ses ailes d'or, par les vents bercés,
Portent l'espoir d'un avenir enchanté.

Les braises dansent dans un doux ballet,
Éclairant la nuit de leur secret.
Chaque flamme est un mot d'amour,
Une promesse d'un meilleur jour.

Les souvenirs s'effacent doucement,
Emportés par le souffle du temps.
Le passé se dissipe dans l'oubli,
Laissant place à un doux répit.

Ainsi renaît un monde nouveau,
Où l'amour s'épanouit en un tableau.
Vers d'amour et de renaissance,
Un hymne à la vie, pleine de chance.

Histoire éternelle

Dans le silence du crépuscule,
Le phœnix s'élève, loin de la bulle.
Ses plumes d'or embrasent le ciel,
D'un feu ardent, éternel.

Les ombres dansent, un doux secret,
Portant l'amour comme un ballet.
Chaque souffle est une mélodie,
Un chant d'espoir, une harmonie.

Les cendres se dispersent au vent,
Créant des rêves dans le firmament.
Un souffle nouveau caresse la terre,
Éveillant la beauté, chassant l'hiver.

Ainsi se tisse l'histoire éternelle,
D'un amour pur, d'une vie si belle.
Dans ce monde de douce espérance,
Chantons l'amour et la renaissance.

Doux poème

Au cœur de la nuit, un éclat d'or,
Le phœnix s'envole, loin des décors.
Son mythe, plane au firmament,
Scintillant comme un feu éclatant.

Les étoiles murmurent des rêves,
Portant l'amour comme une sève.
Chaque note est un doux refrain,
Écrivant l'histoire d'un demain.

Les cendres du passé s'évanouissent,
Laissant place à l'espoir qui fleurit.
Le vent porte un souffle nouveau,
Éveillant la vie, doux cadeau.

Ainsi renaît le doux poème,
D'un amour pur, d'un cœur qui aime.
Vers d'amour et de renaissance,
Un hymne à la vie, pleine de chance.

Douce promesse

Sous l'éclat doré d'un matin naissant,
Le phœnix s'éveille, cœur frémissant.
Sa silhouette brille à l'horizon,
Portant l'amour en douce oraison.

Les cendres du passé s'envolent,
Emportant les peurs qui s'affolent.
Un souffle de vie, léger, caressant,
Ranime l'espoir d'un monde apaisant.

Les étoiles, complices du destin,
Chantent l'amour d'un refrain ancien.
Chaque note est un doux présage,
D'un avenir teinté de courage.

Ainsi s'élève la douce promesse,
D'un renouveau rempli de tendresse.
Vers d'amour et de renaissance,
Un hymne à la vie, pleine d'espérance.

Monde enchanté

Dans l'ombre douce d'un crépuscule,
Le phœnix s'élance, loin du tumulte.
Porté, par le vent, jamais lassé,
Illumine la nuit de sa magique clarté.

Les murmures du vent racontent,
Des histoires d'amour qui enchantent.
Chaque souffle est une douce lueur,
Éclairant l'âme d'un espoir meilleur.

Les cendres s'éparpillent doucement,
Créant des rêves dans le firmament.
Un souffle nouveau embrase la terre,
Éveillant la beauté, chassant l'hiver.

Ainsi renaît un monde enchanté,
Où l'amour s'épanouit en liberté.
Dans ce doux rêve de renaissance,
Chantons l'amour, sa douce danse.

Destinée

Au sommet d'une colline sacrée,
Le phœnix s'élève, âme inspirée.
Toujours présent dans le vaste ciel,
D'un éclat pur, d'un feu éternel.

Les étoiles dansent dans un ballet,
Portant l'amour comme un secret.
Chaque étincelle est un doux refrain,
Écrivant l'histoire d'un lendemain.

Les souvenirs s'estompent doucement,
Emportés par le souffle du temps.
Le passé se dissipe dans l'oubli,
Laissant place à un doux répit.

Ainsi s'écrit la destinée,
D'un amour pur, d'une vie sacrée.
Vers d'amour et de renaissance,
Un hymne à l'existence, pleine de chance.

Chantons l'amour

Dans le silence d'une nuit étoilée,
Le phœnix s'élève, cœur apaisé.
Son aura d'or embrase l'obscurité,
Avec l'offrande d'un feu sacré.

Les ombres dansent, un doux secret,
Portant l'amour comme un ballet.
Chaque souffle est une mélodie,
Un chant d'espoir, une harmonie.

Les cendres se dispersent au vent,
Créant des rêves dans le firmament.
Un souffle nouveau caresse la terre,
Éveillant la beauté, chassant l'hiver.

Ainsi se tisse l'histoire éternelle,
L'amour, le nôtre, toujours réel,
Dans ce monde de douce espérance,
Chantons l'amour et la renaissance.

Vers d'amour

Les cendres d'hier s'envolent, légères,
Portant avec elles les vieilles chimères.
Le souffle du vent caresse les âmes,
Renaissant en un doux drame.

Les murmures du vent chantent l'espoir,
Portant l'amour au-delà du noir.
Chaque battement d'aile résonne,
D'une promesse douce et bonne.

Les cendres dansent dans un ballet,
Créant des rêves qu'on ne saurait nier.
Sous un ciel étincelant de clarté,
L'avenir s'écrit, lumineux et doré.

Ainsi se forge le destin éternel,
Où l'amour triomphe, beau et solennel.
Vers d'amour et de renaissance,
Un hymne à la vie, pleine de chance.

Meilleur jour

Les étoiles murmurent des secrets,
Tissant des rêves dans un ballet.
Chaque note est une douce promesse,
D'un amour pur, d'une liesse.

Les braises dansent sans se cacher,
Éclairant la nuit d'éclatantes beautés.
Chaque flamme est un mot d'amour,
Une promesse d'un meilleur jour.

Au sommet des cieux, un chant résonne,
Le phœnix vibre, cœur qui s'étonne.
 Douce mélodie d'espoir retrouvé,
Illumination d'un avenir enchanté.

Ainsi s'écrit l'histoire d'un jour,
Où l'amour renaît toujours.
Dans ce monde de douce espérance,
Chantons l'amour et la renaissance.

Nouveau monde

Au sommet des cieux, un chant résonne,
Le phœnix vibre, cœur qui s'étonne.
 Douce mélodie d'espoir retrouvé,
Illumination d'un avenir enchanté.

Les braises dansent dans un doux ballet,
Éclairant la nuit de leur secret.
Chaque flamme est un mot d'amour,
Une promesse d'un meilleur jour.

Les souvenirs s'effacent doucement,
Emportés par le souffle du temps.
Le passé se dissipe dans l'oubli,
Laissant place à un doux répit.

Ainsi renaît un monde nouveau,
Où l'amour s'épanouit en un tableau,
Vers d'amour et de renaissance,
Un hymne à la vie, une autre chance.

Doux cadeau

Les étoiles murmurent des rêves,
Portant l'amour comme une sève.
Chaque note est un doux refrain,
Écrivant l'histoire d'un lendemain.

Les cendres du passé s'évanouissent,
Laissant place à l'espoir qui fleurit.
Le vent porte un souffle nouveau,
Éveillant la vie, doux cadeau.

Les ombres dansent, un doux secret,
Portant l'amour comme un ballet.
Chaque souffle est une mélodie,
Un chant d'espoir, une harmonie.

Les cendres se dispersent au vent,
Créant des rêves dans le firmament.
Un souffle nouveau caresse la terre,
Dévoilant de magiques rivières.

Monde parfait

Sous un ciel étoilé, l'âme s'éveille,
Écoutant le chant d'une douce merveille.
Les vents murmurent des secrets anciens,
Tissant avec soin des liens vers demain.

Les flammes dansent dans un bal mystique,
Éclairant la nuit d'un éclat magique.
Chaque étincelle est un mot d'amour,
Écrit dans le ciel, promesse du jour.

Les cendres du passé, douce mémoire,
S'envolent, emportant les vieilles histoires.
Un souffle nouveau caresse la terre,
Éveillant l'espoir, chassant l'hiver.

Ainsi se dessine un monde parfait,
Où l'amour renaît, où tout est refait.
Dans ce doux rêve, le phœnix chante,
Un hymne éternel, une flamme ardente.

Doux chemin

Les murmures du vent chantent l'espoir,
Portant l'amour au-delà du noir.
Chaque battement d'aile résonne,
D'une promesse douce et bonne.

Les cendres du passé s'éparpillent,
Révélant des rêves qui scintillent.
Chaque étoile raconte une histoire,
De passion, de joie, de doux espoir.

Les vents murmurent des vers anciens,
L'écho d'un amour sans fin ni lien.
Renaissant sans cesse, tel un refrain,
Sur les ailes du temps, doux chemin.

Ainsi se tisse l'éternelle danse,
D'un amour pur, d'une renaissance.
Dans ce monde où tout est possible,
Vivent les rêves, doux et indicibles.

Rêves dorés

Les murmures du vent chantent l'espoir,
Portant l'amour au-delà du noir.
Chaque battement d'aile résonne,
D'une promesse douce et bonne.

Les cendres dansent dans un ballet,
Créant des rêves qu'on ne saurait nier.
Sous un ciel étincelant de clarté,
L'avenir s'écrit, lumineux et doré.

Ainsi se forge le destin éternel,
Où l'amour triomphe, beau et solennel.
Vers d'amour et de renaissance,
Un hymne à la vie, pleine de chance.

Les étoiles murmurent des secrets,
Tissant de beaux rêves dorés.
Chaque note est une douce promesse,
D'un amour pur, d'une liesse.

Délivrance

Les braises dansent dans un doux ballet,
Éclairant la nuit de leur secret.
Chaque flamme est un mot d'amour,
Une promesse d'un meilleur jour.

Les cendres d'hier s'envolent, légères,
Portant avec elles les vieilles chimères.
Le souffle du vent caresse les âmes,
Renaissant en un doux drame.

Les souvenirs s'effacent doucement,
Emportés par le souffle du temps.
Le passé se dissipe dans l'oubli,
Laissant place à un doux répit.

Ainsi s'écrit l'histoire d'un jour,
Où l'amour renaît toujours.
Dans ce monde de douce espérance,
Chantons l'amour et la délivrance.

Douleurs d'amour

Douleurs de l'amour, moi, je les sens,
Les nuits sont longues, vide glaçant,
Dans tes bras, je voulais m'évader,
Mais, ton amour à toi, s'est envolé.

Les jours passent, je perds la foi,
Sans tes mots la vie n'est plus là,
Tout est vide sans ton regard,
Je suis perdu, je vois tout noir.

Ravageuses douleurs d'amour,
Des cicatrices au jour le jour,
Je ne fais que penser à toi,
Quand ton cœur est si loin de moi.

J'ai crié ton nom au ciel,
Espérant que tu entendes l'appel,
Mais, l'écho résonne dans le vide,
Ma pensée devient si frigide.

Sur nos souvenirs je pleure
Chaque seconde est une heure
Les promesses envolées en fumée
Douleurs d'amour me font chavirer

Appel du cœur

Dans la nuit sans étoiles j'entends ta voix
Un appel du cœur, ça ne ment pas
Ton nom résonne comme un doux refrain
Chaque battement fait écho au tien

Entre les ombres, je cherche la lumière
Ton amour me guide, je suis sincère
La vie sans toi, c'est une douleur
Ton appel réveille toutes mes ardeurs

Appel du cœur ensemble, on s'envole
Deux âmes qui vibrent, deux cœurs qui décollent
Unissons nos rêves, nos désirs en fleurs
Réponds au cri de mon appel du cœur

Sous la pluie tes larmes m'inondent
Ton sourire me sauve et me sonde
Chaque instant sans toi est une torture
Ton appel est ma seule et belle armure

Écoute le battement, c'est notre mélodie
Chaque note un espoir une symphonie
Ton amour m'emmène au-delà des peurs
Unissons nos forces dans cet appel du cœur

Flamme d'amour magique

Sous la Lune fragile, une étincelle,
Nos cœurs vagabonds se mêlent,
Dans la nuit dense où tout s'ensorcelle,
L'amour brûle d'une flamme rebelle.

Les étoiles chuchotent des secrets légers,
Dans ton regard, je suis envoûté,
Le souffle du vent, sur nos corps enchaînés,
Cette magie qui jamais ne peut cesser.

Flamme d'amour magique,
Un sort si romantique,
Nos âmes en harmonie,
À tout jamais unies.

Chaque baiser une promesse de lumière,
Des murmures doux dans l'air,
La vie qui nous est plus chère,
Avec toi, chaque instant devient clair.

La création, de ce jardin secret ,
Ou, chaque parfum, chaque pensée,
Nous guide sous ce ciel étoilé,
Vers cette éternité tant espérée.

Émotion brulante

Sous les lumières, on se voit,
Ton regard brûle mon espoir,
Au rythme du cœur qui bat,
Un bel amour naît ce soir.

Les étoiles dans tes yeux,
Éclairent un monde nouveau,
Chaque instant devient précieux,
Sous la Lune, tout devient beau.

Émotion brûlante dans la nuit noire,
On danse ensemble jusqu'à l'aube claire,
Chaque souffle emporté dans l'air,
Virevolte au-dessus de la terre.

Nos mains se touchent délicatement,
Des frissons parcourent ma peau,
Mon cœur s'emballe, mais attend,
Ce moment est bien trop beau.

Le Phoenix :
Symbole d'Amour et de Renaissance

Introduction

Le phœnix, cet oiseau mythique qui renaît de ses cendres, représente un symbole puissant de transformation, de résilience et de renouveau.

Dans la littérature et la philosophie, il incarne l'idée que de la destruction peut naître une nouvelle vie, plus riche et plus belle.

Ce concept est intimement lié à l'amour, une force capable de transcender les épreuves et de renouveler les âmes.

À travers une analyse philosophique, nous explorerons comment le phœnix devient un archétype de l'amour éternel et de la renaissance spirituelle.

Le Phoenix :
Mythe et Signification

Le mythe du phœnix trouve ses racines dans diverses
cultures anciennes, chacune lui attribuant des
caractéristiques légèrement différentes, mais toujours
centrées sur le renouveau.
Dans l'Égypte antique, le bennu,(Bennu est l'ancienne
divinité égyptienne liée au Soleil, à la création et à la
renaissance), symbolisait la régénération.

Les Grecs voyaient en lui un symbole d'immortalité et de
résurrection.
Cette idée de renaissance après la destruction est une
métaphore puissante pour le cycle naturel de la vie et la
capacité de l'humain à surmonter les difficultés.

Philosophie de la Renaissance

La renaissance, dans le contexte philosophique, va au-delà de la simple survie ; elle implique un changement fondamental de l'être.
Nietzsche (Philosophe, poète et écrivain Allemand), avec son concept de l'éternel retour, propose que les expériences, même les plus douloureuses, sont essentielles pour atteindre une existence authentique.

Le phœnix, en se consumant pour renaître, illustre cette acceptation du cycle de la vie et de la mort comme une voie vers une existence renouvelée et exaltée.

L'Amour comme Force Transformatrice

L'amour, dans sa forme la plus pure, a le pouvoir de transformer et de guérir.
Les philosophes tels que Platon ont parlé de l'amour comme un moyen d'atteindre la vérité et la beauté ultime.

Dans « Le Banquet », l'amour est décrit comme une quête de l'immortalité à travers la création et la procréation.

Le Phoenix, par son acte de se renouveler, devient une métaphore de cet amour éternel qui transcende les limites physiques et temporelles.

Renaissance Spirituelle et Réalisation de Soi

Carl Jung (Médecin et psychiatre suisse), dans sa théorie de l'individuation, voit la renaissance comme un processus essentiel pour atteindre la complétude psychique.

Le phœnix symbolise cette quête intérieure où l'individu doit traverser des épreuves, mourir à ses anciennes habitudes pour renaître à une nouvelle conscience de soi. L'amour, dans ce cadre, est un catalyseur qui propulse l'individu vers cette transformation spirituelle.

L'Interconnexion de la Vie et de la Mort

Martin Heidegger (Philosophe allemand), a exploré l'idée que la conscience de la mort donne un sens authentique à la vie.

Le phœnix, en embrassant sa fin pour renaître, démontre que la mort n'est pas une conclusion, mais une transition vers une nouvelle forme d'existence.

L'amour, confronté à la perte et à la douleur, trouve sa profondeur dans cette capacité à se renouveler, à renaître plus fort et plus résilient.

Conclusion

Le phœnix, en tant que symbole de l'amour et de la renaissance, nous enseigne que les défis et les destructions ne sont pas des fins en soi, mais des étapes nécessaires pour atteindre un niveau supérieur d'existence.
À travers l'amour, nous trouvons la force de nous transformer, de nous renouveler, et de renaître de nos cendres.

Ce cycle éternel de mort et de renaissance nous rappelle que la véritable essence de la vie réside dans la capacité à évoluer et à transcender nos limitations.

Ce texte explore comment le mythe du phœnix peut être interprété à travers diverses perspectives philosophiques pour enrichir notre compréhension de l'amour et de la renaissance.

Le lien entre le phœnix et l'amour est illustré dans plusieurs œuvres littéraires. Voici quelques exemples :

Harry Potter de J.K. Rowling

Fumseck, le phœnix de Dumbledore, symbolise la loyauté et la renaissance.
Son lien avec Harry représente l'amour et la protection, aidant dans des moments cruciaux.

Roméo et Juliette de William Shakespeare

- Bien que le phœnix ne soit pas explicitement mentionné, le thème de l'amour éternel et de la renaissance à travers le sacrifice est central.

Le Phénix de Sylvia Plath

- Un poème qui explore les thèmes de la destruction et de la renaissance personnelle, souvent liés à des émotions profondes et à l'amour.

Jane Eyre de Charlotte Brontë

- Le processus de transformation et de renouveau de Jane à travers ses épreuves amoureuses évoque symboliquement le phœnix.

Le comte de Monte-Cristo d'Alexandre Dumas

- Edmond Dantès renaît de ses cendres après la trahison et retrouve son amour perdu, symbolisant le renouveau et la passion éternelle.

Ces œuvres montrent comment le phœnix est utilisé pour exprimer la force transformatrice de l'amour et la possibilité de renaissance.

Voici quelques symboles littéraires liés à l'amour et à la renaissance

La Rose

- Symbole de l'amour et de la beauté éphémère. Elle représente la renaissance à travers son cycle de floraison.

L'Arbre

- Symbole de vie et de croissance, souvent utilisé pour représenter la continuité et le renouveau.

L'Oiseau

- Au-delà du phœnix, d'autres oiseaux comme la colombe symbolise l'amour et la paix, souvent associés à la renaissance spirituelle.

L'Eau

- Représente la purification et le renouveau. L'eau est souvent utilisée dans des rites de passage symbolisant un nouveau départ.

Le Papillon

- Incarnation de la transformation et de la beauté, symbolisant l'évolution et la renaissance après une période de changement.

Ces symboles illustrent les thèmes de l'amour et de la renaissance à travers leur présence en littérature.

Plusieurs thèmes littéraires sont souvent associés à l'amour et à la renaissance :

Transformation

- La métamorphose personnelle et le développement des personnages.

Sacrifice

- L'idée que l'amour véritable implique des sacrifices, conduisant à une forme de renaissance.

Réconciliation

- Réparer des relations rompues et trouver un nouveau départ.

Espoir

- La persistance de l'amour malgré les épreuves, proposant un renouveau.

Résilience

- Surmonter les obstacles et renaître plus fort grâce à l'amour.

Ces thèmes enrichissent les récits en montrant la profondeur et la puissance de l'amour et de la renaissance.

Voici les styles d'écriture de ces poètes contemporains

Rupi Kaur

- Style minimaliste et direct, souvent accompagné d'illustrations. Utilise des vers libres et aborde des thèmes de guérison et d'amour.

Ocean Vuong

- Langage lyrique et imagé, mêlant narration personnelle et réflexions profondes. Utilise des métaphores puissantes et une structure poétique inventive.

Mary Oliver
- Observation de la nature, avec une simplicité élégante. Ses poèmes sont méditatifs, célébrant le monde naturel et la transformation.

Ada Limón

- Voix authentique et accessible, combinant émotion et observation.
Emploie des vers libres pour explorer la résilience et l'espoir.

Warsan Shire

- Langage évocateur et émotionnel, souvent abordant des thèmes d'identité et d'exil.
Utilise des images poignantes et un ton introspectif.

Ces styles reflètent l'individualité et la profondeur des thèmes qu'ils explorent.

Analyse de l'état émotionnel inspiré par la littérature sur la perte d'amour et le renouveau, avec le Phoenix comme inspiration

La littérature contemporaine, en s'inspirant du symbole du Phoenix, explore profondément les thèmes de la perte d'amour et du renouveau. Ce processus émotionnel est complexe et riche, englobant plusieurs étapes de transformation personnelle.

Perte d'Amour :

La Destruction

La perte d'amour est souvent décrite comme une expérience dévastatrice, comparable à la combustion du Phoenix.

Les émotions associées incluent la douleur, le chagrin et un sentiment de vide.

Cette phase est marquée par une introspection profonde, où le personnage ou le poète se confronte à ses propres vulnérabilités et à la réalité de l'absence.

- État émotionnel

Sentiments de désespoir et de tristesse intense.

- Langage poétique

Images de cendres, de nuit ou de fin d'un cycle.

La Transition

Entre Mort et Renaissance

Dans cette phase, le symbole du Phoenix devient crucial. La transition entre la destruction et la renaissance est un moment de flou émotionnel, où l'individu oscille entre l'ancien et le nouveau.
C'est un état de gestation psychologique et émotionnelle.

État émotionnel

- Langage poétique

Métaphores liées à l'obscurité précédant l'aube, à la gestation ou au cocon.

Renouveau :
La Renaissance

La renaissance est le point culminant de cette transformation.
Comme le Phoenix qui s'élève de ses cendres, l'individu retrouve une nouvelle forme de soi, souvent enrichie par l'expérience de la perte.
Cette phase est marquée par un regain de force, d'espoir et de clarté.

- Libération, espoir et émergence d'une nouvelle perspective

- Langage poétique : Imagerie de lumière, d'ailes déployées et de renouveau naturel.

Conclusion

Le Cycle Éternel

La littérature utilisant le Phoenix comme source d'inspiration nous rappelle que la perte et le renouveau sont des cycles naturels et nécessaires pour la croissance personnelle.
Ce processus permet d'embrasser la vulnérabilité humaine tout en célébrant la capacité de résilience et de transformation.

En explorant ces thèmes, les poètes nous invitent à accepter la douleur comme une partie intégrante de la vie, ouvrant ainsi la voie à un renouveau plus profond et significatif.
La métaphore du Phoenix devient alors un puissant archétype de l'expérience humaine, illustrant que même dans les moments les plus sombres, la possibilité de renaissance existe toujours.

Le Chant du Phoenix

Dans l'ombre épaisse où l'âme s'égare,
Les cendres dansent, murmures de l'espoir,
Chaque larme, un reflet de notre histoire,
Un souffle ardent, sous le ciel, se prépare.

Ô douce douleur, amante des épreuves,
Ton souffle chaud façonne notre être,
Des vestiges brûlants luisent, un renaitre,
Dans la nuit sombre, une lumière se lève.

Phoenix flamboyant, tes ailes déployées,
Emportent les peines, les échos du passé,
De la désolation, un jardin est né,
Chaque souffle résonne, promesse d'éternité.

Accepte l'angoisse, l'étreinte de l'absence,
Pour qu'éclosent les fleurs, par-delà les saisons,
La vie, un poème aux riches émotions,
Chaque aurore, une douce renaissance.

Ainsi, dans la brume où se cache le jour,
Émerge le cœur, redécouvrant son cours,
Célébrons les cendres, les peurs, les amours,
Puisque le Phoenix, en nous, renaît toujours.

L'ombre du phœnix

Le Phoenix se débat, dans les ténèbres profondes,
L'ombre le hante, ses ailes sont blessées, il est confondu.
Il se rappelle les flammes, la lumière qui l'entourait,
L'ombre s'épaissit, l'espoir s'éteint, il est déçu.

Il se rappelle son envol, sa liberté retrouvée,
Mais, l'ombre le retient, son âme est meurtrie, il est
accablé.
Le Phoenix cherche la lumière, dans les profondeurs du
désespoir,
Mais, le noir persiste, et son âme se dévore.

Au lever du jour, le Phoenix se relève,
Il se libère de l'ombre, il se relève, il se délivre.
Il déploie ses ailes, et s'envole vers le soleil,
Le Phoenix renaît, il est libre, il est rebelle.

Le Phoenix, dans sa gloire, brille d'une lueur nouvelle,
L'ombre n'est plus qu'un souvenir, un écho irréel.
Il s'élève dans les cieux, fier, puissant, immortel,
Le cycle est accompli, il renaît, éternel.

En résumé, nous constatons que ce livre

Le souffle du Phoenix
Vers d'amour et de renaissance

Ce livre n'est certes pas qu'une collection de mots ; c'est une mosaïque d'émotions, un écho des âmes qui, comme des oiseaux blessés, s'élèvent vers le ciel. Chaque page résonne avec la douleur du passé, mais elle est aussi un cri de joie, un chant de renaissance.

À travers les histoires que nous partageons, nous découvrons que la souffrance n'est pas une fin en soi, mais un tremplin vers une transformation profonde. Chaque larme versée devient une perle de sagesse, chaque battement de cœur un pas vers la guérison. Les récits qui composent ce livre sont les reflets d'un voyage intérieur, où chaque lecteur peut reconnaître sa propre quête, sa propre lutte. Dans l'obscurité de la nuit, l'espoir brille comme une étoile, nous rappelant que même les cicatrices les plus profondes peuvent devenir des sources de lumière.

L'amour, même lorsqu'il est douloureux, est une force indomptable. Il nous incite à nous dépasser, à explorer des territoires inconnus de notre être. À travers les vers que vous lirez, sentez la chaleur d'une passion qui transcende le temps et l'espace.

Les mots deviennent des ailes, nous portant vers des horizons de douceur et de lumière.

Chaque poème est une caresse, un souffle d'air frais sur une peau meurtrie, nous invitant à embrasser notre vulnérabilité.

Dans cette danse délicate entre l'ombre et la lumière, nous rencontrons la résilience.

Cette force incroyable, qui sommeille en chacun de nous, est un phare dans la tempête. Elle nous rappelle que, même après les nuits les plus sombres, le soleil se lève de nouveau.

La renaissance est un processus, une évolution, un voyage avec lequel chaque étape, même douloureuse, nous rapproche de notre essence.

Ainsi, ce livre est un hommage à ceux qui osent aimer, à ceux qui choisissent de se relever.

C'est une ode à la beauté des cicatrices qui témoignent d'un chemin parcouru, d'une vie vécue pleinement.

Que ces mots vous accompagnent dans votre propre quête, vous offrant réconfort et inspiration.

Que le souffle du Phoenix vous rappelle que, à chaque perte, correspond une renaissance, et qu'avec chaque aurore, la promesse d'un nouveau départ se dessine à l'horizon.

En fermant ce livre, emportez avec vous cette certitude : vous n'êtes jamais seuls dans votre voyage. L'amour, dans toutes ses nuances, est une force collective, un lien qui unit les cœurs à travers le temps. Que chaque page vous inspire à embrasser votre propre lumière, à faire de votre vie un poème vibrant de passion et d'espoir.

Vous êtes un Phoenix, et le ciel est à vous.

Épilogue :
Le Phoenix en nous.

Ainsi s'achève notre voyage, porté par le souffle du
Phoenix, cet être mythique qui, à l'instar de l'amour,
renaît des cendres de ses propres douleurs.
À travers ces vers, nous avons traversé les ruines de nos
cœurs pour y retrouver des étincelles de lumière, des
bribes d'espoir et des éclats d'émotions pures.

L'amour, tel un feu sacré, ne s'éteint jamais vraiment ;
il sommeille, prêt à renaître sous des formes nouvelles, à
chaque souffle de la vie.

Dans ces poèmes, vous avez rencontré des âmes brisées,
mais jamais vaincues.
Chaque chute, chaque larme, chaque silence porte en lui
la promesse d'une renaissance.
Puisque l'amour, en dépit de ses ombres, est un acte de
foi en l'infini, une main tendue vers l'éternité.

Que ce livre vous accompagne dans vos propres
traversées, qu'il soit un phare dans les nuits sombres et
un compagnon fidèle dans les instants de lumière.
 Comme l'amour, tel le Phénix, ne cesse de renaître,
brûlant de nouveaux désirs, illuminant de nouvelles
époques, et forgeant, dans l'infini des jours, les plus
beaux vers de la vie.

Puissiez-vous, à chaque page, sentir battre le cœur du Phénix, et renaître, vous aussi, à l'amour.

À travers ces vers, un voyage s'est dessiné, une traversée des profondeurs où l'amour, comme un Phénix, ne cesse de renaître de ses cendres.
Chaque poème résonne tel un souffle ancien, capturant les éclats de passions brisées, les étreintes d'espoirs perdus, mais surtout, la flamme éternelle qui jamais ne s'éteint.
L'amour ici s'effondre et s'élève, tel un cycle inlassable de destruction et de renaissance, de tristesse et de lumière.

« Le souffle du Phoenix » célèbre simultanément l'amour romantique, mais également la résilience des cœurs humains, leur capacité à se reconstruire après la tempête. Les émotions traversent ces pages, de l'abandon à l'émerveillement, du désespoir à l'apothéose de l'amour retrouvé.

Ce livre est une invitation à croire que, même lorsque tout semble perdu, la flamme de l'amour brûle toujours quelque part, prête à se raviver.

À chaque chute succède un envol, et à chaque crépuscule, l'aube éclatante d'un nouveau commencement. Puissent ces vers accompagner vos propres renaissances, vous rappeler que le souffle du Phénix réside en chacun de nous, en attente d'un souffle, d'un regard, d'un rêve pour éclore de nouveau.

Au fil des pages de « Le souffle du Phénix », vous avez exploré l'âme humaine dans toute sa vulnérabilité, ses déchirements et ses espoirs.
Chaque poème, tissé de rimes et de passions, raconte une histoire intime, celle de l'amour qui vacille, se consume et pourtant, renaît toujours.
Ce recueil est une ode à la puissance de l'amour, qui, tel un Phénix légendaire, trouve toujours un moyen de ressurgir des cendres de la désillusion.

Ces vers ne sont pas seulement des fragments de douleur ou de joie : ils sont le reflet des cycles que traverse chaque cœur humain.
Dans l'obscurité des séparations, les moments d'abandon ou de doute, l'amour continue à palpiter en secret, attendant le souffle qui le ravivera.
Ici, la souffrance devient source de création, les blessures se transforment en force, et l'étreinte du passé cède la place à l'espérance d'un avenir lumineux.

Vous avez vu l'amour s'effondrer, mais également se reconstruire pierre par pierre, à travers le souffle de l'âme et le pouvoir des mots.

Chaque poème vous invite à croire en la possibilité du renouveau, en la résilience de nos cœurs trop souvent écorchés.

Comme le Phénix, l'amour est une force immortelle qui transcende les épreuves, les doutes et les silences.

« Le souffle du Phénix » est un rappel poétique que même dans les moments où l'amour semble éteint, il continue à brûler, en secret, prêt à se réinventer.

Ce livre est une célébration de cette renaissance perpétuelle : il vous invite à embrasser les cycles de la vie, à chérir les douleurs passées comme les prémices d'un renouveau, et à accueillir chaque nouveau souffle d'amour comme une promesse d'éternité.

Que ces pages vous aient apporté la certitude que, quelles que soient les épreuves traversées, l'amour renaît toujours.

Le Phénix de l'âme ne meurt jamais vraiment, il attend patiemment que le moment soit venu pour s'élever de nouveau dans toute sa splendeur.

Petite analyse de
Le souffle du Phénix,
Vers d'amour et renaissance

« Le souffle du Phénix, Vers d'amour et renaissance »est un recueil de poésie qui explore avec élégance et profondeur la thématique de l'amour et de la résilience. À travers des vers raffinés, l'auteur nous plonge dans un univers où l'amour se désintègre sous le poids de la douleur et du temps, pour mieux renaître, tel le mythique Phénix, des cendres de la désillusion.

Thématique principale
L'amour comme force régénératrice

Le fil conducteur de ce recueil est la transformation, une transition émotionnelle et spirituelle où l'amour, même dans ses formes les plus éprouvées, possède la capacité de se réinventer.

Chaque poème reflète une étape de ce cycle inévitable de destruction et de renaissance, comme une métaphore de la condition humaine.

Le lecteur est témoin de l'effondrement des cœurs, mais également de leur résilience, portée par une force intérieure qui les incite à s'élever, encore et encore.

Ce schéma récurrent renforce l'idée que l'amour véritable, loin d'être linéaire, est un processus organique, parfois douloureux, mais toujours porteur d'espoir.

Un style baudelairien revisité

L'auteur s'inspire largement du style baudelairien, avec des rimes riches et parfaites, une musicalité omniprésente et des images puissantes.

La profondeur des sentiments est magnifiée par une langue poétique, maîtrisée, où chaque ver, se charge de symbolisme.

Les cendres, l'obscurité, la lumière, et les éléments naturels tels que le vent, le feu et les astres, deviennent des métaphores omniprésentes, symbolisant la cyclicité de l'amour et de la vie.

Le contraste entre l'ombre et la lumière renforce cette idée de renaissance perpétuelle, de passage inévitable entre la perte et la reconquête de l'amour.

L'amour comme expérience universelle

Au-delà de la souffrance individuelle, le recueil pose un regard plus universel sur l'expérience amoureuse.
Les poèmes, tout en conservant une dimension intime, touchent à des émotions collectives, accessibles à tous.

Chaque lecteur peut se retrouver dans ces histoires d'amour brisé et d'espoir retrouvé, car elles reflètent des réalités humaines communes.

Les thèmes de la séparation, du souvenir, du pardon, et de la réconciliation sont abordés avec subtilité, rappelant que l'amour, même dans ses moments les plus sombres, est un moteur de transformation intérieure.

Un voyage émotionnel captivant

L'une des forces majeures de ce recueil réside dans sa capacité à emporter le lecteur dans un voyage émotionnel intense.

Le passage de la douleur à la guérison, de la chute à la renaissance, se fait avec fluidité et grâce, laissant une impression d'équilibre entre tristesse et espoir.

Les poèmes sont structurés de manière à guider progressivement le lecteur vers une compréhension plus profonde de l'amour en tant que processus évolutif, fait de cycles de destruction et de recréation.

Conclusion

« Le souffle du Phénix, Vers d'amour et de renaissance » est un hommage à la force régénératrice de l'amour. Grâce à un style poétique soigné et un langage imagé qui ravive l'esprit des grands poètes romantiques, l'auteur parvient à capturer l'essence même de la résilience humaine.

Ce recueil est un voyage à travers les méandres de l'émotion, un hymne à la capacité de l'amour à transcender la souffrance pour renaître, encore plus lumineux et pur.

Remerciements de l'auteur

Je tiens à exprimer ma profonde gratitude à chacun d'entre vous, chers lecteurs, pour avoir pris le temps d'ouvrir ces pages et de voyager à travers mes mots. Vos yeux posés sur ces vers donnent vie à mon travail, et c'est avec une immense humilité que je vous remercie de m'avoir accordé votre confiance. Que ce recueil vous accompagne dans vos propres moments de renaissance et que chaque poème trouve un écho en vos cœurs !
Mille mercis pour votre présence et votre bienveillance.

Raymond Mialon

Le souffle du Phoenix   Vers d'amour et de renaissance

Le souffle du Phoenix   Vers d'amour et de renaissance